다정한 교실을 만드는
유니버설 디자인

아베 도시히코, 아카사카 신지
가와카미 야스노리, 마쓰히사 마나미 지음

다정한 교실을 만드는 유니버설 디자인

초등교사를 위한
조화로운 학급경영 가이드

한국교육정보연구원

들어가며 인적 환경의 유니버설 디자인

1. 교육의 유니버설 디자인	10
2. 교육의 유니버설 디자인을 구성하는 3가지 요소	11
3. 안심하고 배울 수 있는 장을 만들기	13
4. 모르는 것, 못하는 것을 솔직히 털어놓을 수 있는 장을 만들기	14
5. 잘못을 통해 배울 수 있는 장을 만들기	15
6. 공감의 언어를 소중히 하는 장을 만들기	16
7. 도움을 요청할 수 있는 장을 만들기	17
8. 집단긍정감이 있는 장을 만들기	19

제1장　계기를 만든다

1. 같은 학급의 신경 쓰이는 아이를
   지나치게 신경 쓰는 아이의 존재　　22
2. 지나치게 신경 쓰는 아이가
   신경 쓰이는 아이에게 다가가는 이유　　23
3. 신경 쓰이는 아이가
   지나치게 신경 쓰는 아이에게 다가가는 이유　　24
4. 신경 쓰이는 아이를
   지나치게 신경 쓰는 아이들　　26
5. 지나치게 신경 쓰는 아이에 대한 유형별 대처법　　28
6. 지나치게 신경 쓰는 아이들의 공통점　　38
7. 지나치게 신경 쓰는 아이와 마주한다　　39
8. 인적 환경의 유니버설 디자인을 향해　　40

제2장 배경을 이해한다

1. 학교와 아이들을 둘러싼 환경 44
2. 인적 환경 유니버설 디자인의 최우선 과제 58
3. 수업 실력을 연마한다 70
4. 아이들을 이어주고 학급 전체를 보살핀다 80

제3장 질서 있는 학급을 만든다

1. 왜 하필 붕괴되어 가는 학급의 담임을? 88
2. 마음을 가다듬고 90
3. 인적 환경이란 무엇인가 92
4. 4월부터 실시한 7가지 방안 96
5. 무너지기 시작하는 6학년 107
6. 각오를 다지다 108
7. 아이들의 질투에 대한 접근방식 112

제4장 **다정한 학급을 만든다**

1. 교육의 유니버설 디자인과 수업의 유니버설 디자인　116
2. 교육의 유니버설 디자인을 이루는 조건　120
3. 인적 환경의 유니버설 디자인 이미지　122
4. 구체적으로 배우는 인적 환경의 유니버설 디자인　125

집필진 소개　139

들어가며

인적 환경의 유니버설 디자인

교육의 유니버설 디자인이란 무엇인가?
모든 아이가 배우기 쉬운 환경을 위한 터전 다지기

아베 도시히코 Abe Toshihiko

들어가며

1. 교육의 유니버설 디자인

　교사는 수업 중에 자기 학급의 아이들이 그저 얌전히 앉아 있는 것이 아니라, 적극적으로 참여하기를 바란다. 물론 아이마다 서로 다른 개성을 가지고 있기에 참여도나 방식 또한 각양각색이다. 각자의 방식대로 수업 시간에 교사의 말이나 다른 아이들의 의견을 듣기도 하고, 교과서를 읽고 무언가를 느끼기도 한다. 여기에서 '느낀다'라는 것은 자기만의 생각을 창출하는 출발점에 선다는 뜻이다.

　이렇게 스스로 생각하게 함으로써 아이들은 수업을 통해 새로운 것을 발견하고 깨닫는다. 45~50분간의 수업을 통해 아이들은 무언가를 느끼고 생각하고 자기 나름대로 깨달음을 얻으면서 차츰 변화해간다. 수업의 처음과 마지막을 비교했을 때 아이들의 내면에는 많은 변화가 일어난다.

그러나 학습에 어려움을 겪는 아이들은 수업을 통해 이런 변화를 기대하기 힘들다. 느끼고, 생각하고, 깨닫는 것이 다른 아이들보다 더디기 때문이다. 그러므로 수업을 시각화해서 보여주거나, 질문하는 방식을 바꿔보기도 하고, 대화하는 시간을 주지 않으면 다른 아이들에게 뒤처질 우려가 있다. '교육의 유니버설 디자인'이란, 그런 아이들을 내버려 두지 않고 최대한 뒤처지지 않게 하는 수업 방식을 연구하는 것이다.

특수교육과 비슷한 부분도 많지만, 교육의 유니버설 디자인은 개별적인 지원을 의미하는 것은 아니다. 장애의 유무를 떠나 더 많은 아이가 이해하기 쉽고 배우기 쉬운 교육을 디자인해나가는 것, 즉 학급 전체 아이들의 학습에 초점을 맞춘 시스템이다.

2. 교육의 유니버설 디자인을 구성하는 3가지 요소

'교육의 유니버설 디자인'이라고 하면 교육환경의 정비, 예를 들면 칠판 주변을 정돈하는 일 등을 떠올릴지도 모르지만, 그것은 극히 일부에 지나지 않는다. 즉 교육환경을 정비하는 것은 '교육의 유니버설 디자인'의 요소 중 하나인 셈이다.

그 밖에도 '수업의 유니버설 디자인'과 '인적 환경의 유니버설 디자인'이 있다. 교육의 유니버설 디자인은 이 세 개의 요소로 이루어진다.

  수업의 유니버설 디자인은 ①시각화 ②초점화 ③공유화에 중점을 두고 수업 방식을 연구하는 것으로 이를 적용하려면 '학급 분위기'가 매우 중요하다. 즉 더 많은 아이가 제대로 배울 수 있는 학급 분위기를 먼저 조성해야 하는데 그러려면 인적 환경의 유니버설 디자인이 빠질 수 없다. 그러므로 이 세 개의 유니버설 디자인은 서로에게 영향을 주며, 떼려야 뗄 수 없는 밀접한 관계가 있다.

교육의 유니버설 디자인

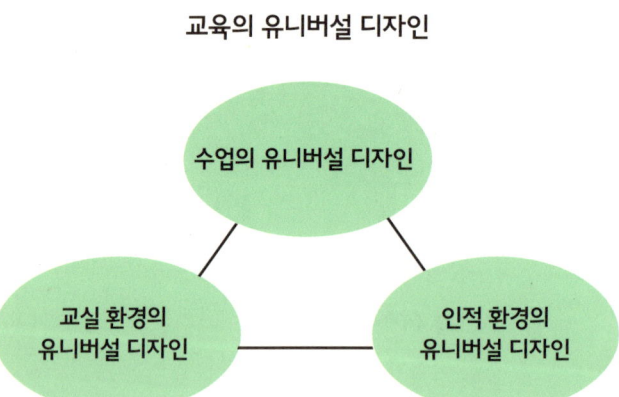

3. 안심하고 배울 수 있는 장을 만들기

인적 환경의 유니버설 디자인을 실현하려면 안심하고 배울 수 있는 터전을 만드는 것이 가장 중요하다. 만일 아이들이 같은 반 아이의 실패를 비웃거나, 의견을 맹렬히 부정하고, 대화할 때 따돌리면 어떻게 될까? 보통 그러한 반에서는 수업 시간에 몇몇 아이들만 앞에 나서기 마련이다. 자연히 무시당하거나, 바보 취급당하고 뒤처지는 아이들이 생겨난다.

학습에 어려움을 겪고 있는 아이 중에는 실패를 극도로 두려워하는 유형이 많다. 실패하는 것이 두려워 아예 도전도 해보지 않고, 어려운 일을 피하려고만 한다. '학습적 무력감'에 빠져 있기 때문이다. '노력해봤자 소용없는걸?', '아무리 열심히 공부해도 난 모르겠어!', '나는 못 해!'라는 생각에 사로잡혀 '더는 실패하고 싶지 않아', '나에게는 무리야!'라고 결론을 내려버린다. 이렇게 되면 자존감도 덩달아 낮아질 수밖에 없다.

사실 이런 아이들은 뭔가를 배울 때 '이해했어!', '드디어 해냈어!'라고 느껴본 경험이 별로 없다. 반면에 성적이 우수한 아이들은 이러한 기분을 많이 느껴봤기 때문에 공부에 더 의욕적이고 자신을 믿는다. 어려운 일에 도전하는 즐거움이 어떤 건지도 잘 알고 있다.

이처럼 '이해했어!', '해냈어!' 같은 기분을 더 많은 아이, 특히 학습에서 뒤처지는 아이들이 경험해볼 수 있다면 좋겠다. 그러려면 학급 안에서 실패해도 괜찮다는 분위기를 조성해야 한다.

4. 모르는 것, 못하는 것을 솔직히 털어놓을 수 있는 장을 만들기

뭔가를 배울 때 자신의 실수에 민감한 아이가 있는가 하면, 남의 실수에 더 민감한 아이도 있다. 전자는 앞에서 말한, 실패를 극도로 두려워하는 유형이고 후자는 자신이 유능하다고 믿는 유형이다. 후자는 상대방을 내려다봄으로써 자신의 가치를 높이려 하는 경향이 있지만, 이런 아이들 역시 진정한 의미에서의 자기긍정감은 낮다고 볼 수 있다. 즉 나든 남이든 '잘못'에 민감한 아이들은 자기긍정감이 부족하다는 공통점이 있다.

특수교육에서는 '어떻게 하면 아이의 실수를 최대한 줄일 수 있는가?'가 중요하지만, 유니버설 디자인 원칙에서는 한 걸음 더 나아가 '실수에서 무언가를 배울 수 있는 장을 만드는 것'이 중요하다. 사람이 살다 보면 잘못을 저지르거나 실패를 겪기 마련인데 이런 피치 못할 상황에 부딪혔을 때 문제를 어떻게 다루어야 할지 가르쳐 주는 것도 우리 교사의 역할이 아닐까?

그런데 학습에 뒤처지는 아이들은 실패를 반복하면서 스스로 헤쳐 나오기가 매우 어렵다. 그 결과 실패에 대한 두려움이 더 강해진다. 그렇기에 더욱 '잘 못한다고 해도 시도하는 것 자체로 가치 있고 훌륭한 일이다, 일단 실패해야 새로운 깨달음을 얻을 수 있다'라는 인식을 쌓게 해주어야 한다. 즉 수업의 유니버설 디자인은 교사가 아이의 잘못을 '가치 있는 것'으로 의미를 부여하는 데 중점을 둔다. 나아가 잘못에서 무언가를 배울 수 있는 기술을 익히는 장으로써 교실이 제 기능을 하게 만드는 것이 목표다. 이를 위해 우선 모르는 것, 못하는 것을 솔직히 털어놓을 수 있는 교실 만들기부터 시작하자.

5. 잘못을 통해 배울 수 있는 장을 만들기

아이들이든 교사든 정답을 맞히는 것이 중요하다고 생각하면, 틀렸을 때 실망할 수밖에 없다. 하지만 아이들의 잘못은 어떤 의미에서 보물섬이다. 누군가의 잘못을 계기로 잠시 멈춰서 배운 것을 재점검할 수 있고 새로운 깨달음을 얻을 수 있기 때문이다. 다 안다고 생각했던 상위권 아이들도 설명을 다시 들으면 자신의 이해가 맞는지 다시 점검해볼 수 있지 않은가?

아이들이 서로의 잘못을 소중한 배움의 기회로 생각하고 함께 분석한다면 문제를 해결할 수 있다. 이렇게 학급 안에서 '틀려도 괜찮다'라는 분위기를 조성하면 아이들이 실패나 잘못을 했을 때 자신의 감정을 잘 조절할 수 있는 훈련의 장이 된다.

나아가 수업을 통해 잘못에 대응하는 힘을 함께 기를 수 있다. 여기에서 중요한 것은 '나 혼자가 아닌 모두가 함께 배웠기 때문에 알고, 생각하고, 깨달을 수 있었다'라는 기분 좋은 깨달음을 반 아이들이 다 같이 공유하는 일이다.

6. 공감의 언어를 소중히 하는 장을 만들기

'공감'이 형성되기 위해선 사실 대화하는 것보다 들어주는 것이 더 중요하다. 다만 누군가 말하는 것을 억지로 '들어야만 하는 것'이 아니라, '듣고 싶어지는' 분위기를 조성하는 것을 목표로 하자.

공감하는 분위기가 확산되는 교실에서는 누가 틀려도 '이 부분은 정말 어려워', '나도 전에 정말 어려웠던 부분이야', '이 부분을 착각한 건가?'라고 그 아이의 상황을 이해하려고 한다. 이런 분위기 속에서는 누구든지 '모르겠다', '못하겠다'라고 솔직히 털어놓을 수 있다.

같은 학급 아이들끼리 공통점이 많을수록 더 잘 공감한다. 따라서 학습의 장에서 더 많이 공감하는 방법은 친구와 나의 의견에서 공통점을 찾아보는 것이다. 이때 중요한 것은 우선 친구의 의견에 수긍하면서 반응을 보이는 것이다.

✽ 공감의 말

'아, 그렇구나!'
'그거 좋네.'
'응응, 그렇군!'
'와- 대단해!'
'오, 잘했네!'

그런 다음 상대방의 말에 덧붙이거나, 더 확장해 나간다.

✱ 연결하는 말

'○○의 말에 덧붙여서~'
'○○와 비슷해서~'
'○○의 말을 듣고 깨달은 것인데~'

누군가 이런 말을 하면 교사는 그것을 잘 알아채서 살려주어야 한다. 즉 교사가 아이들에게 얼마나 공감하면서 들어줄 수 있는가, 일일이 반응해줄 수 있는가가 관건이다. 틀린 아이가 있어도 "준호 입장에서 생각해 보면 이렇다고 생각해."라는 식으로 교사가 의도적으로 공감해주는 것이 중요하다.

7. 도움을 요청할 수 있는 장을 만들기

드라이커스(Dreikurs, 1897~1972, 아들러의 개인심리학 이론을 부모 교육에 적용한 정신의학자)에 의하면 '진정한 용기는 자신이 불완전하다는 사실을 인정하는 것'이라고 한다. 사람은 불완전한 존재이기 때문에 서로 도와서 부족한 부분을 채워주는 것이다. 그러므로 아이들도 기본적으로 서로 불완전하다는 사실을 인정해야 한다.

필자는 여기에 한 가지를 덧붙이고 싶다. '곤란할 때 도움을 요청하는 것' 역시 진정한 용기라고 말이다. 남에게 도움을 요청할 수 있는 사람은 절대 약한 것이 아니라 용기 있는 것이라는 사실을 아이들에게 가르쳐 주고 싶다.

흔히 '자립'이란 혼자서 살아가는 것으로 생각하는데 사람은 남들과 더불어 살아야 한다. 그렇다면 곤란할 때 적절한 시기에 도움을 요청하는 것도 진정한 의미에서 '자립'이 아닐까?

분명 소셜 스킬이라는 측면에서는 도움을 요청할 수 있는 것도 실력이다. 그렇다면 도움을 청하는 스킬을 배울 수 있는 장을 만드는 것 또한 교사의 중요한 역할일 것이다.

사실 도움을 잘 청하지 못하는 사람은 대부분 과거에 도움을 청했다가 상처받은 경험이 있기 때문이다. 그래서 무의식적으로 '괜히 도움을 청했다가 또 상처받지는 않을까?', '더는 상처받고 싶지 않아'라고 생각해서 도움을 청하지 않고 혼자서 끙끙 앓는다. 즉 필요할 때 도움을 청하는 사람은 자신감이 있는 사람이며, 자신이 없는 사람은 설령 도움을 청하는 스킬을 알아도 실천하기를 꺼린다. 이런 문제를 해결하기 위해서라도 인적 환경의 유니버설 디자인을 통해 아이들 한 사람 한 사람이 자신을 소중히 여기고, '있는 그대로의 나여도 괜찮아'라는 인식을 길렀으면 한다.

8. 집단긍정감이 있는 장을 만들기

인적 환경의 유니버설 디자인으로 기르고자 하는 세 가지는 ① 안도감 ② 공감 ③ 집단긍정감이다.

그중에서도 필자는 ③의 집단긍정감을 아이들과 함께 길러 나가고 싶다. '항상 모두가 사이좋게 지내라'라는 말이 아니다. 학급 아이 중 누군가 잘못하거나 실패하고, 곤란에 처하면 외면하지 말고 일단 같이 멈춰 서라는 뜻이다. 친구가 어떤 일이 잘 안 풀린다면 그의 관점에서 생각하고 고민해보라는 말이다. 그 결과 '이렇게 할 수 있는 우리 반이 최고야!'라는 분위기를 조성한다면 집단긍정감이 저절로 길러질 것이다.

제1장

계기를 만든다

어느 학급에나 있는 배려가 필요한 아이,
그리고 그런 아이를 신경 쓰는 아이들에 대해 이해하기

아베 도시히코 Abe Toshihiko

1. 같은 학급의 신경 쓰이는 아이를 지나치게 신경 쓰는 아이의 존재

학급마다 학업이나 행동, 혹은 대인관계에서 특별히 신경 써야 하는 아이들이 몇 명씩은 있기 마련이다. 그런데 선생님이 그런 아이들에게 좀 더 신경 쓰다 보면 가끔 다른 아이들이 '불공평하다', '편애한다'라며 서운해한다. 아이들을 치우침 없이 공평하고 소중하게 대해야 하는 선생님 입장에서 그런 말을 들으면 몹시 마음에 걸린다. 그렇다고 왜 그 아이에게 특별한 배려가 필요한지를 설명하려 했다가는 다른 아이들을 더 자극하는 꼴이 될 수도 있다. '왜 선생님은 저 녀석한테만 열을 올리는 거야?'라며 따가운 눈초리로 볼 수도 있고, '우리가 뭐라고 해도 결국 저 아이가 그렇게 중요한가?'라고 더 큰 불만을 품기도 한다.

이럴 때는 주변 아이들에게 필요 이상으로 설명하지 말자. 불공평하다거나 편애한다고 생각하는 아이들은 '선생님이 자신은 소중히 여기지 않는다', '뭔가 손해 보는 듯하다'라는 마음에 불만을 토로하는 것이다.

사실 이런 아이들이 자신을 특별한 배려를 필요로 하는 아이와 똑같이 대해 달라고 주장하는 것은 아니다. 그저 자신도 같은 반 학생이니 소중히 대해주기를 바랄 뿐이다. 이런 아이들은 특별한 배려를 필요로 하는 아이와는 다른 형태의 케어가 필요하다.

2. 지나치게 신경 쓰는 아이가 신경 쓰이는 아이에게 다가가는 이유

'불공평하다', '편애한다'라고 생각하면서도 왜 그런 특별한 배려를 필요로 하는 아이와 거리를 두려고 하지 않는 것일까? 서로 자극하지 않도록 어느 정도 거리를 두는 것이 좋겠지만, 현실은 그리 단순하지 않다.

왜냐하면, 지나치게 신경 쓰는 아이는 신경 쓰이는 아이를 가만히 놔두지 못하기 때문이다. 물론 긍정적인 의미가 아닌 부정적인 의미에서다. 즉 '보고 있으면 재미있다', '놀릴수록 더 재미있다', '정색하는 모습을 보고 싶다'라는 이유로 눈을 떼지 못하고 곁에 있고 싶어 한다. 심지어는 신경 쓰이는 아이의 실수를 보고 웃거나, 잘못을 지적해서 화나게 만들거나, 결점을 찾아 당황하게 만드는 아이들도 있다.

그렇게 심술을 부리는 이유는 도대체 무엇일까? 그중 하나는 지나치게 신경 쓰는 아이들도 별로 공부를 좋아하지 않거나, 잘 못하거나, 아니면 마음의 여유가 없기 때문이다. 자신이 반에서 꼴찌가 되지 않으려면 신경 쓰이는 아이가 필요하다. 그래서 그 아이를 경쟁상대로 인식하고, 무의식적으로 공격의 대상으로 삼는다. 또 다른 이유는 자신의 서열도 학급에서 아래쪽에 있다고 생각하기 때문이다. 자신이 왕따를 당하지 않도록 더 약한 처지인 신경 쓰이는 아이를 먼저 공격해서 화살을 그쪽으로 향하게 하려는 의도가 숨겨져 있다. 어떤 경우에는 신경 쓰이는 아이에게 자신이 학교생활이나 가정생활에서 받는 스트레스를 발산하는 아이도 있다.

3. 신경 쓰이는 아이가 지나치게 신경 쓰는 아이에게 다가가는 이유

만일 신경 쓰이는 아이에게 위험을 피해 가는 지혜가 있다면 문제가 자주 발생하지는 않을 것이다. 그러나 이런 유형의 아이들은 심술부리는 아이에게 자진해서 다가가는 경우가 많다. 반에서 고립되어 있어서 자신을 상대해주는 사람이 선생님 외에는 괴롭히는 아이들밖에 없기 때문이다. 심지어는 '저 아이들은 그래도 나에게 말을 걸어 주잖아', '기다려 주네'라고 생각해서 괴롭힘을 그냥 받아들이는 경우까지 있다. 학대받는 아이들이 학대하는 부모를 계속 따르는 것처럼 서글픈 의존관계가 형성되기도 한다.

주위의 아이들이 신경 쓰이는 아이를 바보 취급하면서 웃는 것을 '나를 보고 웃어준다'라고 착각하기도 한다. 내가 정말 좋아서 웃는 것이 아니라는 사실을 눈치채도, 더는 상처받고 싶지 않아서 '나를 재미있다고 생각해주는 친구'라고 믿고 싶은지도 모른다.

심지어는 누구에게 도움을 요청해야 좋을지 몰라서 자신을 괴롭히는 아이에게 구조를 요청하는 아이들도 있다. 그러면 도움을 요청받은 아이는 친절한 척 다가가서 그 아이를 자극해 패닉 상태에 빠지게 한다.

'친구를 소중히 하자'라는 말은 배려가 필요한 아이들에게 때로는 부정적인 영향을 미친다. 왜냐하면, 교묘하게 괴롭히는 아이들이 "그래도 우리는 친구잖아?"라는 말을 잘하기 때문이다. 배려가 필요한 아이는 그런 말을 들으면 하기 싫은 일이나 괴로운 일도 거절하지 못한다. 그러므로 이런 아이들은 대인관계에서 불편한 사람과 거리를 두는 기술이나 누구에게 도움을 요청하는 것이 좋은지를 판단하는 능력을 길러주어야 하겠다.

4. 신경 쓰이는 아이를 지나치게 신경 쓰는 아이들

① 선생님이 나만 소중히 여겨주길 바라는 유형

옛날 초등학생에게 '선생님'은 존경할 만한 특별한 존재였고 반 아이들 모두의 선생님이었다. 쉬는 시간에 선생님과 놀기보다는 친구들끼리 노는 편이 훨씬 재미있다고 생각했다. 하지만 요즘에는 친구들과의 관계보다 선생님과의 유대관계를 더 중요하게 생각하는 아이들이 늘고 있다. 특히 저학년 중에는 선생님에게 부모 같은 관계를 기대하고, 선생님이 자기만 돌봐주기를 바라곤 한다. '선생님 나만 보세요!', '왜 나를 돌봐주지 않지?'하는 아이들일수록 선생님이 특정한 아이들에게 개별적으로 도와주는 것을 보고 좌절하거나 분노하고 선생님을 원망하기도 한다. 심지어는 질투심에 그 아이에게 폭력을 행사하기도 한다.

② 자신에게 민감하고 상대에게 둔한 유형

최근 들어 상대방에게 관대하지 못한 아이들이 많은 듯하다. 자신은 다른 아이들에게 폐를 끼쳐도 아무렇지 않게 생각하지만, 친구가 실패하면 비웃거나 트집을 잡기도 하고, 일부러 못되게 굴기도 한다. "상대방의 마음을 헤아려 보렴."이라고 말해도 귀담아듣지 않는다.

반면에 누군가에게 조금이라도 비난을 받거나 무슨 일을 당하면 깊은 상처를 받는다. 울거나, 다른 아이를 때리거나 소란을 피우기도 한다. 그런 피해의식이 강한 아이가 늘고 있는 것 같다.

③ 즐거운 일, 편안한 일로 흘러가는 유형

'지금 당장 즐거우면 그만이지', '열심히 하기 싫어'……. 이런 분위기가 아이들 사이에 만연되어 있다. 또 좋은지 싫은지, 즐거운지 아닌지가 모든 일의 판단기준이 되고 있다. 수업 중 아이들의 말에 귀를 기울여 보면 '귀찮아', '이거 싫어~', '몰라!', '하기 싫어', '재미없을 것 같아' 같은 말이 많이 오간다. 무언가를 진득이 하거나, 과정을 즐기는 것이 중요한 것임을 가르칠 기회가 줄고 있는 현실이다.

④ 기분을 잘 전환하지 못하는 유형

수업 시작을 알리는 종이 울렸을 때, 얼른 자리에 앉을 수 있는 아이가 한 반에 과연 몇 명이나 있을까? 일른 기분을 전환해서 제 자리에 앉을 수 있는 아이가 확실히 줄어들었다. 개인적인 시간(놀이 시간)에서 공식적인 시간(수업 시간)으로 기분을 잘 전환하지 못하기 때문이다.

특별한 배려를 필요로 하는 아이들에게 보이는 특징이 평범한 아이들에게서도 보인다는 뜻이다. 이는 배려를 요하는 아이를 선생님이 세심하게 돌보는 사이에 주변 아이들에게도 문제행동이 퍼지고 있다는 증거다.

5. 지나치게 신경 쓰는 아이에 대한 유형별 대처법

선생님이 신경 쓰이는 아이를 돌보는 모습을 보고, '불공평하다'라거나 '편애한다!'라고 생각하는 아이는 없는지 살펴보고, 학급의 인적 환경을 늘 염두에 두어야 한다. 그리고 반 아이의 태도나 말로 인해 문제 행동이 더 심해지지 않도록 교실의 인적 환경을 정비하는 방법을 계속 연구해야 한다.

① 모방형: 문제 행동을 흉내 내는 아이

신경 쓰이는 아이가 자리에서 일어나거나 선생님의 교재를 마음대로 만지거나, 책상 위에 올라서는 등의 이상 행동을 반복하면 다른 아이들도 '재미있겠다!', '나도 하고 싶어'하는 마음이 들지도 모른다. 하지만 실제로 행동에 옮기는 아이는 그렇게 많지 않다. 문제 행동을 흉내 내는 모방형 아이들은 그런 욕망을 억제하지 못한 아이이다. 특히 저학년은 한 사람이 흉내 내기 시작하면 너도나도 따라 해서 빠르게 확산된다.

모방형 아이의 대부분은 수업 시간에 배운 것을 잘 이해하지 못하고 흥미를 보이지 않는, 즉 수업 참여도가 낮은 아이들이다. 나아가 유아적 성향이 강해서 진득이 앉아 있거나, 끝까지 참고 집중해서 해내지 못한다. 그뿐만 아니라, 생활 능력이나 학습 능력을 충분히 기르지 못해서 누군가가 즐겁게 뭔가를 하고 있으면 이내 따라 한다.

이 유형의 아이들은 지닌 유아적인 면이 솔직하게 비치기도 한다. 겉과 속이 다르지 않으므로, 행동에 일관성이 있고 무엇을 개선해야 할지 쉽게 판단할 수 있다. 그뿐 아니라 애교도 많아 어른들의 칭찬이 매우 효과적이다.

이런 아이들은 우선 기본적인 생활이나 학습 스킬을 잘 길러줘야 한다. 학습 면에서 자신 없는 것이 부적절한 모방 행동의 원인이 되기도 하므로 문제 행동에 대해 재차 주의를 시키는 것보다는 차라리 학력을 키워주는 것이 더 효과적이다. 신경 쓰이는 아이에게서 떨어지라고 야단치거나, 강제로 떨어뜨리려고 하지 말고, 수업에 참여를 유도하고 성취감을 높임으로써 공부에 집중할 수 있게 만든다. 관심을 학업으로 유도해 결과적으로 신경 쓰이는 아이에게서 멀어지게 할 수 있다.

학습이나 생활의 목표를 세울 때는 구체적이면서도 최대한 낮게 설정하고 차근차근 도와주는 것이 포인트다. 사소한 일이라도 열심히 하면 크게 칭찬해주고, 야단칠 때는 모두 앞에서 야단침으로써 자신의 행동에 책임을 지게 한다.

그 자리에서 꼼꼼하게 지도하는 것이 바람직하다. 책상 사이를 돌아다니면서 학습을 도와주고, 조금이라도 '이해했다', '해냈다'라는 성취감이 들게 유도한다. 만일 보호자의 협조를 얻을 수 있다면 가정에서도 숙제를 도와주거나 다음 날 준비물을 함께 점검해서 공부에 대한 동기를 부여한다. 이는 신경 쓰이는 아이에 대한 학습 지원과 유사하다. 이처럼 수업의 유니버설 디자인을 연구함으로써 모방형 아이들을 변화시킬 수 있다.

문제 행동을 흉내 내는 아이

② 천적형: 일부러 자극하는 아이

이 유형의 아이들은 모방형과 비교하면 별문제 없이 학습 내용을 이해한다. 이해력도 빨라서 교과 학습 과정에서 선생님이 애를 먹는 일은 거의 없다. 하지만 남의 실수도 누구보다 빠르고 예리하게 파악한다. 행여 선생님이 칠판에 잘못 쓰거나, 발음이 꼬이면 그 즉시 "선생님 틀렸어요!"라고 의기양양하게 지적하기도 한다. 수업 중에도 생각나는 대로 말을 해서 선생님이 주의하라고 경고하면 이런저런 변명을 늘어놓는다.

그렇다고 악동 대장은 아니다. 오히려 애교가 있어서 선생님의 환심을 사려고 노력한다. 천적형 아이들이 다른 아이를 의도적으로 자극하거나 놀린다면 뒤에 나오는 '숨은 사령탑형'의 영향을 크게 받아서일 가능성이 크다.

이런 아이는 좋은 면에서나 나쁜 면에서나 눈치가 빠르며, 가장 큰 특징은 어른들에게 도움이 되는 일도 의외로 마다하지 않는 점이다. 또한, 약한 아이를 패닉 상태로 몰고 갈 때는 괴롭힘을 그만두고 싶은 마음이 들기도 한다. 하지만 중도에 그만두면 다음은 자기 차례가 될 것 같아서 포기하게 된다. 근본적으로 좋지 않은 교우 관계에서 벗어나고 싶은 마음이 있다.

교실에서 문제가 발생했을 때 사실 확인을 위해 연관된 아이들을 모아 지도해야 할 때도 있지만, 이런 유형의 아이들은 차라리 따로따로 이야기를 들어보는 것이 좋다. 아이들 각자의 입장이나 사고방식, 문제를 충분히 이해하면서 교통정리를 해나가자.

그리고 업무에 쫓기는 선생님에게 쉬운 일은 아니지만, 사실은 쉬는 시간에 함께 놀거나 운동하는 것이 가장 효과적이다. 이 아이들은 불건전한 놀이의 형태로 '누군가를 손봐주는 것'을 선택한 셈이다. 따라서 놀이를 통해 서로 교류하고 건전한 놀이 방법을 알려주고 사회성을 길러주면 문제 행동도 자연스럽게 줄어든다.

나아가 수업을 통해 사회성을 지도하는 것도 이런 유형의 아이들을 변화시킬 수 있다. 성취목표를 약간 어렵게 설정해서 성취감을 더 자극하는 것이 요령이다. 목표를 너무 낮게 설정해주면 선생님이 나를 얕본다고 생각할 수도 있기 때문이다.

천적형은 어른에게 도움을 주고 싶어 하는 아이들이므로 각자에게 역할을 부여하고, 그것을 달성했을 때 선생님이 진심으로 고마워하는 과정을 반복해나가자. 자신도 선생님 같은 어른에게 도움이 되었다는 경험이 쌓이다 보면, '선생님이 기뻐해 주면 나도 기뻐'라고 생각한다. 그런 과정이 상대방의 마음을 배려하는 첫걸음이 될 것이다. 또한, 신경 쓰이는 아이가 천적형 아이들에게 둘러싸여 공부하는 상황이 벌어지지 않도록 좌석 배치나 그룹 나누기에도 각별히 신경을 써야겠다.

③ 숨은 사령탑형: 뒤에서 조종하는 아이

'숨은 사령탑형'은 선생님의 눈길이 미치지 않는 곳에서 신경 쓰이는 아이를 몰래 자극하거나, 천적형에게 지시해서 신경 쓰이는 아이를 간접적으로 괴롭히는 아이다.

이런 유형은 공부나 운동을 더 잘하기를 바라는 보호자의 과

도한 기대감 때문에 스트레스를 받는 아이들이 많다. 시험 성적에 대한 기대나 지역 축구나 야구팀에 들어가려고 노력하는 과정에서 스트레스를 받다 보면 그것을 발산할 곳이 필요하기 때문이다.

극단적인 경우, 겉으로는 신경 쓰이는 아이를 잘 돌봐주는 것처럼 행동하기도 한다. 처음에는 좋은 뜻으로 도움을 자청했을지도 모르지만, 어느 순간 '얘 때문에 왠지 내가 손해 보고 있는 느낌이야'라는 생각이 들어서 겉과 속이 다른 행동을 하기도 한다. 초등학교 4학년 무렵이 그런 식으로 관계성이 바뀌는 시기다.

숨은 사령탑형을 찾아내는 것은 선생님에게도 쉽지 않은 일이다. 왜냐하면, 앞에서 설명한 대로 도와주는 아이처럼 보이기도 하고, 피해자도 선생님에게 설명하기 어려울 정도로 아주 교묘하게 괴롭히기 때문이다. 그리고 이런 유형은 신경 쓰이는 아이를 화나게 만들기까지의 과정을 즐기기 때문에 그 아이가 패닉에 빠진 순간, 흥미를 잃고 떠나버린다.

반 아이들이 술렁일 무렵, 패닉에 빠진 아이 주변을 어슬렁거리는 것은 대체로 모방형이나 천적형의 아이들이다. 정작 불을 지른 장본인, 즉 숨은 사령탑의 모습은 찾아볼 수 없다. 선생님이 사태를 수습하고자 달려올 무렵에는 또 다른 얼굴로 재등장한다. 중개 역할이나 위로하는 역할을 자처해 "모두 너무해! 준호가 가엾잖아", "가만히 좀 내버려 둬!"라는 식으로 상황을 정리해줘서 멋모르는 선생님은 오히려 고마워하기도 한다. 그것이

숨은 사령탑이다.

   이런 유형의 아이는 '학급'이라는 곳을 엉망으로 만드는 것이 목적으로, 같은 반 아이들의 긍정적이고 성실한 분위기를 파괴하는 것에서 희열을 느끼는 매우 삐뚤어진 성향이 있다. 대부분 보호자의 과도한 기대와 더 열심히 해야 한다는 스트레스에 짓눌려있다. 이 아이들의 보호자는 대체로 교양 있고, 학교에 협조적이며 얼핏 자녀 양육을 열심히 하는 것처럼 보인다. 하지만 성적이나 승부에서 자녀가 어떤 성적을 내는가에만 큰 가치를 둘 뿐 아이의 내면에는 별 관심에 없다. 그러므로 표면적인 가정교육에 그치기 쉽다. 결과적으로 학습이나 운동 성적은 좋을지 몰라도 도덕심은 길러주지 못한 사례가 많다.

   그렇다면 이런 아이들은 어떤 식으로 접근하는 것이 효과적일까? 이런 유형의 아이는 인정받고자 하는 욕구가 매우 강하기 때문에 뒤에서가 아니라 앞에서 활약하고 인정받는 상황을 만들어주는 것이 요령이다. 이들은 학습이나 운동을 잘하거나 정보에 밝은 등, 여러모로 강점이 많다. 그 개성을 살려서 잘하는 분야에서 활약할 수 있도록 도와줄 것, 즉 신경 쓰이는 아이를 도와주는 방식과 같다. 그들과 신뢰 관계를 쌓고 목표를 확인하고, 숨은 리더가 아닌 앞에 나서는 리더로 길러주는 것이 우리 교육자의 사명이다.

   물론 어른들에게 실망한 적이 많은 아이들과 신뢰 관계를 쌓는 것이 그리 간단한 문제는 아니므로 어떻게 칭찬하고 야단치느냐가 중요하다. 우선 야단치는 방법인데 이런 아이들은 '체면'

을 대단히 중요하게 여긴다. 그러므로 아이들의 자존심을 지켜 줄 수 있도록 다른 아이들 앞에서 야단치지 않도록 배려한다. 칭찬 방법 또한 중요하다. 어린아이 칭찬하듯 '잘하네', '대단해!'라고 하면 '체, 그런다고 내가 기뻐할 것 같아?'라고 속으로 비아냥거릴 것이다.

칭찬할 때는 사자성어 등을 써서 의도적으로 지적인 말로 칭찬하자. 즉 '어른으로 대해 준다', '한 사람으로 인정해 준다'라는 자세가 '이 사람(선생님)은 다른 어른들과 다를지도 몰라!'라는 생각이 들게 해준다. 이렇게 아이들이 조금씩 마음의 문을 열면 일상생활에 대해서도 귀를 기울여 주기 바란다. 가정에 뭔가 문제가 있어서 스트레스를 받는 아이가 많기 때문이다. 이런 아이들은 공부나 운동, 그리고 분주함에서 오는 스트레스를 신경 쓰이는 아이에게 발산하므로, 스트레스를 해소하는 다른 방법을 꼭 터득했으면 좋겠다. 나이에 맞는 스트레스 해소법을 배우는 것도 따뜻하고 화기애애한 학급을 만드는 데 중요한 역할을 할 것이다.

뒤에서 조종하는 아이

선생님이 있으면…….

선생님이 없으면…….

6. 지나치게 신경 쓰는 아이들의 공통점

지금까지 세 가지 유형의 지나치게 신경 쓰는 아이에 대해 알아보았는데 그들의 공통점은 무엇일까?

우선 자신은 바른말을 했다고 생각하는데 선생님이 받아주지 않았던 적이 많다는 점이다. 예를 들면, "선생님 하나는 청소를 제대로 안 해요. 정말 얌체 같아요."라고 선생님에게 일렀는데 선생님이 "괜찮아, 하나는 좀 봐주렴."이라고 했다고 치자. 그러면 '대체 이유가 뭐야?', '정말 이해가 안 돼'라며 아이들은 자신이 주장한 '정의(라고 생각하는 것)'가 통하지 않아 부당하다고 느낀다. 심지어는 자신도 하나와 똑같이 행동했는데 선생님이 화를 내기도 한다. 그 결과 '왜 나만?'이라는 마음이 강하게 들고, 그런 일이 하나둘 누적되다 보면 '편애'에 대한 분노가 쌓인다.

그들 자신이 인정받은 경험도 별로 없다. '나도 이렇게 열심히 하는데……'하고 억울한 마음이 들지도 모른다. 그렇다, 이런 아이들도 선생님이 자신을 돌아봐 주기 바라기 때문에 더욱 절망하는 것이다.

7. 지나치게 신경 쓰는 아이와 마주한다

지나치게 신경 쓰는 아이들에게 잘 대응해야 하는 이유는 그 아이들이 신경 쓰이는 아이를 이해하게 하기 위해서도, 관계를 회복하기 위해서도 아니다. 그 아이들이 선생님이 자신에게 관심을 보여주고 신경 써주고 인정해 주기를 바라기 때문에 우선 마주해야 한다.

그런데 세 가지 유형의 지나치게 신경 쓰는 아이들이 한 반에 존재하면 보통 선생님들은 숨은 사령탑형 아이에게 먼저 접근하려고 한다. 그러나 그런 아이는 어른들을 강하게 불신하기 때문에 선생님의 마음을 쉽게 받아들이지 못한다. 그러므로 천적형 아이, 즉 '이제 왕따에 가담하고 싶지 않아', '그런 그룹에서 빠져나오고 싶어'라고 생각하는 아이에게 먼저 다가가야 한다. '이제는 나도 변하고 싶어'라고 생각하는 아이들부터 차례로 변화시키는 편이 빠른 행동의 변화를 기대할 수 있기 때문이다.

또한, 학급 분위기를 긍정적으로 만들려면 어떤 아이를 칭찬해야 다른 아이들에게도 긍정적인 영향이 미칠지 파악하자. 한 사람 한 사람에게 접근하기보다는 주변에 좋은 영향을 줄 아이에게 접근해야 그만큼 선생님의 에너지 소모도 줄일 수 있다.

이런 선생님의 도움은 배려를 요하는 아이에게도 간접적으로 영향을 미친다. 선생님이 말하는 것보다 다른 아이가 설명하거나, 주의를 시키는 편이 받아들이기 쉽기 때문이다. 같은 반 친구에게 도와주라고 강요하는 것은 좋지 않지만, 다른 아이를 통해 때로는 간접적으로 접근하는 편이 더 효과적인 경우도 있다. 그러므로 반 아이들의 인간관계를 잘 파악해서 최소한의 개입으로 큰 효과를 얻을 수 있었으면 좋겠다.

8. 인적 환경의 유니버설 디자인을 향해

배려를 필요로 하는 아이도, 주변을 지나치게 신경 쓰는 아이도 다 소중히 여기는 인적 환경의 유니버설 디자인으로 나아가려면 무엇을 해야 할까? 그것은 자기긍정감, 공감적 이해, 타인의 관점을 길러주는 일이다.

'자기긍정감'이란 '있는 그대로의 자신을 받아들이고 자기의 부정적인 측면을 포함해 있는 그대로의 나여도 괜찮다는 생각'이다. 실패한 경험이 많고, 주의를 받거나 질책당한 일이 많으며, 남들에게 부정적인 평가를 많이 받는 아이는 자기긍정감을 갖기 어렵다.

예를 들면, 도움을 요청하는 것은 부끄러운 일이라고 생각하거나, 자기긍정감이 낮아서 도움을 요청해도 어차피 잘 해결되지 않으리라 생각하면 배운 기술을 활용할 수 없다. 자신에게 긍정적인 이미지가 없으면 대인관계 기술은 발휘하기 힘들기 때문이다.

다음으로 공감적 이해다. 특히 배려를 요하는 아이들 가운데는 남들과 공감을 잘하지 못하는 아이가 있어서 여간 힘든 일이 아니다. 남이 공감해준 경험이 없으면 남과 공감하기도 어렵기 때문이다. '이 아이는 공감을 잘 못하네!'라든지, '이런 아이들은 공감성에 약해.'라고 느꼈을 때 "다른 사람들과 좀 공감을 해야지!"라고 엄하게 꾸짖기만 하면 안 된다.

'들어가며'에서도 언급한 대로 일단 교사가 아이들에게 얼마나 공감의 말을 해주느냐가 중요하다. 선생님은 아이들의 가장 가까운 롤 모델이기 때문에 선생님의 말투를 흉내 내는 아이도 당연히 있기 마련이다. 선생님이 아이들 앞에서 항상 공감의 말을 하면 아이들 역시 공감하기 시작한다.

마지막으로 '타인의 관점 취득'이라는 것은 상대방의 입장에서서 생각하는 것으로 선생님이 솔선해서 이런 감성을 길러야 한다. 즉 수업 중에 공감이나 타인의 관점이 싹트기 시작했을 때 그것을 확실히 길러주기 위해 선생님 자신의 안테나를 높이 세울 필요가 있다.

아이들에게 "선생님은 예신이가 이렇게 동현이를 배려하는 말을 한 것이 정말 대견해."라는 식으로 자연스럽게 말해준다. 그런 가운데 아이들은 차츰 그런 관점을 터득해나간다. 선생님을 롤 모델로 삼아 대인관계의 기술을 익힘으로써 아이들 각자가 자기긍정감을 갖게 될 뿐 아니라, 집단적 자기긍정감도 길러줄 수 있다.

제2장

배경을 이해한다

학교와 아이들의 변화한 환경을 알아보자.
이해를 바탕으로 한 조화로운 학급경영의 5단계

가와카미 야스노리 kawakami Yasunori

1. 학교와 아이들을 둘러싼 환경

요즘 들어 교사들에게 '아이들을 지도하기가 전보다 어려워졌다', '아이들끼리 교류가 줄었다'라는 말을 자주 듣는다. 교단에 선 지 얼마 안 되는 선생님은 처음에는 학급 운영이나 수업에 어려움을 겪다가 시간이 지날수록 차츰 익숙해지곤 했다. 그러나 요즘은 꼭 그렇다고만은 할 수 없다. 경험 많은 교사들조차 아이들 지도에 어지간히 애를 먹는다.

게다가 교직원끼리의 대화도 눈에 띄게 줄어서 각자의 교육관이나 아이들에 관해 이야기를 나눌 기회가 별로 없다. 방과 후 교사들은 자신의 컴퓨터나 태블릿에서 작업에 열중할 뿐, 그날그날 수업에 관한 일이나 아이들에 대해 잡담하지 않는다. 인터넷상에 교육에 관한 정보가 넘쳐나는 시대라서 그런지도 모르지만, 그만큼 매일 실생활에서 동료 교사 사이에 어떤 식으로 학급을 운영하고 있는지 공유할 시간도 줄었다. 그냥 손쉽게 문제를 해결하는 방법을 찾고자 하는 분위기가 사회 전반에 만연해 있기 때문이다.

지금 학급 운영에 필요한 것은 무엇일까? '이렇게만 하면 문제없다'라는 기발한 노하우는 존재하지 않는다. 만일 학급 운영에 매뉴얼 같은 것이 있다고 해도, 그럴싸해 보이는 모델을 흉내 내도 큰 효과를 기대하기는 어렵다. 학급마다 아이마다 역시 너무나 복잡다단한 과제를 안고 있기 때문이다. 같은 학교임에도 차분한 교실이 있는가 하면 바로 옆에 난장판인 교실이 존재하지 않는가?

따라서 이 장에서는 우선, 오늘날 학교나 아이들을 둘러싼 환경이나 아이들의 실태를 이해하기 위한 요점을 정리해보겠다.

① 집중해서 차분히 듣지 못한다

교육 현장에서 '요즘 아이들은 남의 말을 잘 못 듣는다'라는 말을 자주 듣는다. 필자 역시 아이들이 집중할 수 있는 시간이 확실히 짧아진 것을 실감한다. 많은 아이가 남의 이야기를 들어야 하는 상황을 힘겨워하는 것 같다.

그런데 아이들을 둘러싼 환경의 변화를 살펴보면 그 이유를 이해할 수 있다. 요즘 유아들은 식당이나 전철에서 그림책이 아니라 스마트폰을 만지작거린다. 또 많은 텔레비전 방송은 편집 과정에서 자막이나 효과음을 많이 사용한다. 대부분의 요즘 아이들은 말하자면 '비주얼 러너(시각적인 단서로 배우는 사람)'인

셈이다.

집중하지 못할 때 손가락을 빤다든지, 코를 파기도 하고, 연필을 씹곤 한다. 또한, 학용품을 만지작거리거나 의자를 뒤로 기울여 노는 등, 자기 자극 행동(물리적 운동, 소리, 단어, 물체이동, 기타 어떤 행동을 반복하는 것)이 많이 눈에 띈다. 이러한 행동은 누군가에게 지시를 받거나 설명을 들을 때처럼 수동적인 시간에 일제히 나타나는 것이 특징이다(다음 페이지의 그림).

교사로서는 그러한 산만함이나 손장난이 눈에 거슬릴 수도 있지만, 아이에게는 지루함이나 어색함을 무마하려는 시간 때우기라고 할 수 있다.

② 사회의 변화가 초래한 대인관계의 상실

아이들의 발달과정을 오랫동안 관찰해온 작업치료사(OT, 작업 요법을 지도하는 의료기사), 기무라 준씨는 사회의 변화와 함께 아이들의 놀이문화가 빈약해지는 것이 얼마나 위험한 일인지 경고하고 있다.

사실 요즘은 공원이나 놀이터에서 아이들이 다른 나이 또래의 아이들과 노는 모습을 거의 찾아볼 수 없다. 그뿐인가? 행여 놀다가 문제가 생기지 않을까, 부모가 미리미리 예방하기 때문에 아이들은 다른 아이들과의 갈등을 통해 성장할 기회가 주어지지 않는다. 예전처럼 여러 아이가 함께 사용하는 대형 놀이기구가 공원에서 자취를 감추고, 힘을 조절해야 하거나 상대방에 맞추어서 놀 수 있는 환경도 사라졌다.

자기 자극 행동은 아이들 나름의 대처방안

손 놀이, 산만함, 손장난?
아이들 입장에서 생각하면······.

[교사의 관점]

- 내가 이렇게 열심히 수업하는데!
- 이렇게 중요한 이야기를 하고있는데!
- 얘기를 잘 들으라고 했는데!

나쁜 짓을 하는 것처럼 보인다······.

[아이의 입장]

- 계속 집중해서 듣기 힘들어
- 내용을 이해 못 하겠어
- 흥미나 관심이 없어

결과적으로······.
손장난
지루함 달래기
시간 때우기

2장. 배경을 이해한다

아이들이 원활하게 자라기 위한 뇌의 영양분이 되는 놀이 환경이 자취를 감춘 것이다. 그 대신 실내 놀이, 손가락 놀이, 기계를 사용한 놀이 등으로 서서히 전환해감으로써 상황에 적절하게 대응할 수 있는 능력을 기르지 못한다(아래의 표).

이와 같은 지금의 시대 상황이 아이들을 점점 자기중심적으로 만들고 있는 것 같다. 그 결과 배려심이 부족하거나, 상황에 따라 기분을 잘 전환하지 못하는 결과를 초래한다. 갈등이 생기는 상황을 잘 견디지 못하고 쉽게 안절부절못한다.

사회 변화가 초래한 놀이의 빈약함

- 실외 놀이에서 실내 놀이로
- 야생(대자연)의 놀이에서 인공적인 놀이기구로
- 큰 집단 놀이에서 병행 놀이, 혹은 고립 놀이로
- 다른 연령과의 집단 놀이에서 같은 연령이나 부모 상대 놀이로
- 전신운동 놀이에서 손끝 조작 놀이로
- 인간 상대 놀이에서 기계 상대 놀이로

③ 문제를 통해 배우는 것에 대한 부모의 인식 변화

때때로 교실 안에서 아이들끼리의 의견이 다르거나, 의견 대립으로 인한 분쟁이 일어난다. 그런 분쟁은 아이들의 대인관계 기술을 연마하는 중요한 계기가 된다. 영유아기 발달에 대한 어린이집 보육지침서에는 3세 이상의 어린이는 '다툼과 같은 갈등을 경험하면서 점차 상대방의 마음을 이해하고, 서로 필요한 존재라는 사실을 실감할 수 있도록 배려해야 한다'라고 적혀있다. 다툼이나 분쟁은 '성장하는 계기'라고 해도 과언이 아니다.

그러나 요즘에는 보호자의 요청 때문인지, 교육 현장에서도 문제를 일으키지 않는 것을 최우선의 과제로 삼고 있는 것 같다. 문제 예방이나 사전 대응이 아이들 지도의 기본이 되었다. 물론 문제가 일어나지 않는 것이 가장 바람직하겠지만, 취학 연령기에 협상하거나 적당한 선을 배우는 경험을 하지 못하면 문제에 대처하는 능력도 기를 수 없다. 학교 관계자도 보호자도 문제를 통해 어떻게 갈등을 경험하는지가 아이들 성장에 중요하다는 사실을 공감해주길 바란다.

갈등을 경험하면서 아이들은 스스로 조절하는 힘을 얻을 수 있다. 자신을 조절한다는 것은 자신을 주장하는 것과 자신을 억제하는 능력이다. 상대방의 상황을 고려하면서 자기주장을 하거나 지나친 말을 하지 않도록 조절하는 것이 자기억제력이다. 이는 긴 안목으로 볼 때 사회를 구성하고 미래를 떠맡을 아이들에게 꼭 필요한 지도라고 해도 과언이 아닐 것이다. 혹시 이런 점을 간과하고 있지는 않은가?

④ 왕따나 배타로 이어지기 쉬운 심리적인 측면

 사회적으로 큰 문제가 되는 왕따. 특히 일본의 왕따는 다른 그 어느 나라의 왕따에 비해 연관된 사람이 많고 또래 압력에 영향을 받기 쉽다고 한다. 왕따의 피해자를 대상으로 '몇 명에게 왕따 당했는가?'라는 질문을 해보니 어느 나라나 '2~3명에게서'라는 대답이 가장 많았지만, 일본은 '4~9명'이나 '10명 이상'이라는 대답이 많았다는 보고가 있다(아래의 그림). 이런 점에서 일본에서 벌어지는 왕따는 학급의 분위기나 또래 압력의 영향을 받기 쉽다고 할 수 있다.

 사람은 혼자일 때와 집단 속에 있을 때, 각각 다른 사고 회로가 작동한다. 집단 속에 있으면 자신의 언행에 대한 책임이 덜

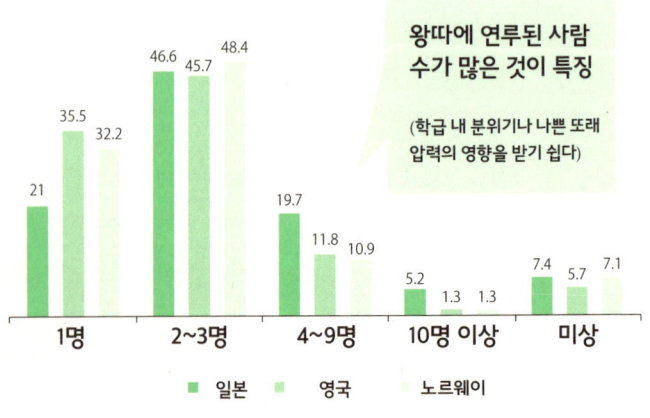

하다. 예를 들면 '나만 그런 거 아닌데!', '쟤도 하는데 뭘'이라는 말이 이러한 심리 상태를 나타낸다. 이를 '집단심리(또는 군중심리)'라고 한다.

또한, 집단에 소속되어 있으면 자신도 모르게 다수의 의견에 맞추어야 할 것만 같은 무언의 압박을 느끼기도 한다. 이를 '또래 압력Peer pressure'이라고 한다. 영향력 있는 누군가가 "이건 이상해!", "저건 이상해!"라고 했을 때, 그것에 동조해서 따라가는 사람이 있으면 집단 내에 그 사람의 배척을 허락하는 분위기가 싹튼다.

이와 같은 상황에서 왕따나 배척이 확산된다. 왕따의 대부분은 소지품을 감춘다, 무시한다, 험담한다, 편지를 돌린다, SNS에서 좋지 않은 정보를 흘려 내보내는 등의 비폭력형(커뮤니케이션 조작형) 왕따다. 이는 집단심리나 또래 압력 등의 심리적인 상태의 영향을 강하게 받기 때문이 아닐까?

그러나 정작 따돌리는 쪽은 자신들이 '나쁜 짓을 하고 있다'라는 인식이 별로 없다. 또래 압력이 생겨나는 것은 기본적으로 압력을 가하는 쪽이 '우리가 올바르다'라고 믿고 있기 때문이다. 'A는 비난받아도 싸. 선생님이 혼내지 않는다면 우리가 바로 잡는 것이 당연한 거 아냐?'라는 생각에서 A를 괴롭히는 일에 가담한다. 오히려 '우리야말로 정의'라는 마음에서 출발해서 우리는 상대방의 잘못을 교정하기 위해 행동하고 있다고 믿는다.

왕따에 관한 보도가 사회적으로 문제가 되면 교육위원회가 "왕따의 사실은 확인할 수 없었다."라고 기자회견을 하곤 하는

데, 이는 가해자나 관중 역할의 아이들이 '상대(피해자)에게도 그런 일을 당할 만한 이유가 있다'라고 정당화하기 때문이다.

⑤ 왕따를 심각하게 만든다(4층 구조)

앞에서 '가해자'나 '관중'이라는 말을 썼다. 왕따는 여기에 '방관자'와 '피해자'를 추가한 4층 구조로 이해하는 것이 중요하다(다음 페이지의 그림).

피해자

'왕따를 당하는 아이(한 사람인 경우가 많다)'를 말한다. 저학년일 때는 가해자였는데 학년이 올라갈수록 마치 복수라도 당하듯이 피해자로 변하는 사례도 있다. 따라서 교사는 자기 반 아이들의 전년도의 상황뿐 아니라, 입학했을 당시부터 확인해보아야 할 것이다.

가해자

'왕따시키는 아이(여러 명인 경우가 많다)'를 말한다. 전에 왕따 당한 경험이 있는데, 이번에는 또 그런 왕따가 되는 것을 피하려고 해서 입장이 역전되는 일도 있다.

관중

'신이 나서 떠들고 상황을 재미있어하는 아이'를 말한다. 왕따의 중심에 있는 아이에게 동조하고, 추종함으로써 왕따를 조장한다.

왕따의 4층 구조 모델

방관자

'보고도 못 본 척하는 아이'를 말한다. 왕따에 직접 가담하는 것은 아니지만, 가해자나 관중은 '암묵적 동조자'라고 받아들여 결과적으로 왕따에 가담하는 꼴이 된다.

학년이 올라갈수록 방관자가 나타날 확률은 높아지는 경향이 있다. 이 역시 일본은 다른 나라에 비해 매우 높다(아래의 그림). 초등학교 3학년 때는 반에서 약 30%, 중학교 3학년 때는 약 60%가 방관자라고 대답한 것을 보면, 사춘기가 되면서 인간

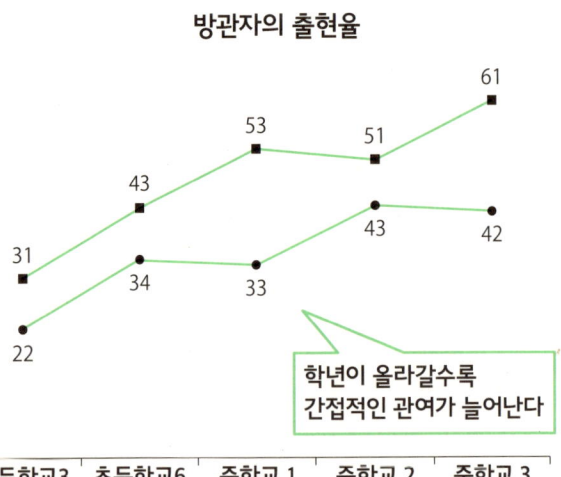

관계가 복잡하고 잠재화되어 간다는 사실을 알 수 있다.

종래의 교육에서는 왕따를 보고도 못 본 척하는 방관자에게 왕따를 멈춰주는 중재자가 될 것을 요구해왔다. 하지만 요즘에는 정의감이 강한 중재자가 '착한 척한다', '눈에 띈다'라는 이유로 새로운 왕따의 대상이 될 수도 있다는 사실을 유념하기 바란다.

⑥ 왕따나 학급의 혼란은 쉽게 줄지 않는다

왕따나 학급의 혼란은 쉽게 줄지 않는다. 앞에서 말한 대로,

- 상대방의 말을 집중해서 듣는 어려움
- 사회 환경의 변화에 따른 대인관계의 희박함
- 갈등 상황의 학습 경험 부족
- 왕따나 배타로 이어지기 쉬운 집단심리나 동조 압력
- 왕따를 심각하게 만드는 복잡한 4층 구조

위의 요소가 복합되어 왕따나 학급의 혼란을 초래하기 시작하기 때문이다. 이는 단순히 '왕따를 해서는 안 된다'라는 윤리관을 호소하는 것만으로는 좀처럼 개선되지 않는다. 어떻게 하면 이런 상황을 근절할 수 있을지 많은 토론을 하지만, 근본적인 치료는 좀처럼 쉽지 않은 것이 현실이다.

그렇다면 어떻게 하면 좋을까? 역설적으로 들릴지도 모르지만, 왕따나 학급의 혼란함을 초래하는 잘못된 방법을 인지하고, 그런 오류를 범하지 않도록 하는 것이 지금 가장 효과적인 것이

아닐까 한다.

학급 내 왕따나 혼란은 쉽게 일어난다. 예를 들면, 다음과 같은 일을 반복하면 왕따나 학급 분위기가 흐트러지는 환경이 쉽게 조성된다.

- 아이에게 강한 스트레스를 주어 안절부절못하게 한다
- 교사가 앞장서서 특정 아이를 놀리거나 모욕을 준다
- 작은 문제를 보고도 못 본 척한다
- 문제가 확산되는 것을 방관한다
- 참여하려는 의지나 성취감이 없는 지루한 수업을 반복한다
- 어른의 눈이 미치지 않는 곳을 늘린다
- 아이를 힘으로 제압한다
- 별 의미 없이 여러 가지 활동을 시킨다
- 아이의 기분을 고려하지 않고 무조건 야단친다
- 잘한 일이나 착한 행동을 당연하게 여기고 칭찬하지 않는다
- 교무실 내 관계를 악화시켜 교사를 안절부절못하게 한다
- 교사의 수를 줄여 여유가 없게 만든다
- 상하 관계를 강조하는 클럽활동을 지도한다 등

남을 괴롭히는 환경을 근절하기 위해서는 왕따가 일어나지 않는 인적 환경을 조성하는 환경개선 차원에서 접근해야 한다. 즉 아이를 어떻게 바꿀지보다는 어른들이 인적 환경을 재검토해서 아이들을 지도해가야 할 것이다.

⑦ 교무실 내 괴롭힘이나 왕따 퇴치부터

우선 아이들이 아니라, 어른(교사)들의 인적 환경부터 개선해야 한다. 교무실 안에 괴롭힘이나 왕따가 여전히 횡행하는 학교가 있다. 신뢰 관계를 쌓지 못한 상태에서 관리와 복종형 학교 경영으로 교사들을 압박하는 관리직이 있지 않은가? 다른 사람의 의견을 틀어막는 '분쇄기Crusher' 같은 교사가 교무실 안 분위기를 지배하고 있지는 않은가?

그 밖에도 부정적인 말로 주변의 의욕을 깎아내리는 교사, 무리 지어 자신들의 의견을 강요하고, 분발하고 있는 동료를 끌어내리는 교사들, '다른 선생님들이랑 속도를 맞춰'라든지 '조직을 우선으로 생각해서'라는 말로 다른 사람의 바람직한 행위를 방해하는 교사 등……. 예를 들자면 끝이 없다. 그러한 사람들의 심리에는 '나보다 아래로 보이는 사람을 찾고 싶다'라는 우월해지고 싶은 마음, '나보다 앞서가는 사람은 눈에 거슬린다'라는 질투심이 있다.

최근 '팀 학교'라는 키워드로 교직원들 사이의 협력 체제를 강조하는 학교가 늘었다. 아이디어 자체는 좋지만, 같은 공간에 그저 함께 있는 것만으로는 '팀'이라고 할 수 없다. 팀을 이루기 위해서는 다음과 같은 조건이 충족되어야 한다.

* 달성해야 할 목표 공유
* 구성원들 사이의 협력관계
* 각자의 역할을 명확화
* 서로의 입장 존중

목적을 공유하지 않는 그저 '팀 같은' 상태나 서로의 입장을 존중하는 자세가 부족한 '강요하는 팀' 안에서는 효과적인 팀워크가 생기지 않는다. 만일 아이들끼리의 관계성을 재조명하고, 왕따나 학급의 혼란을 개선하고자 한다면, 그 이전에 교무실 안의 괴롭힘과 왕따부터 해결해야 할 것이다.

2. 인적 환경 유니버설 디자인의 최우선 과제: '교사 본연의 모습'

앞에서는 오늘날 학교나 아이들을 둘러싼 환경을 정리해보고, 환경개선, 특히 인적 환경의 재조명과 개선 방법의 중요성에 대해 언급했다. 이 책의 주제인 '인적 환경의 유니버설 디자인'을 고려해볼 때, 어른들 본연의 자세를 되돌아보는 것이 가장 시급한 과제다. 이번에는 '교사 본연의 모습'이란 무엇인가에 대해 생각해 보고, 구체적으로 무엇을 해야 하는지 이야기해보고자 한다.

① 좋은 교사는 아이들과 함께 웃는다

영국의 교육가 닐Alexander Sutherland Neill은 '좋은 교사란 아이들과 함께 웃는 교사다. 좋지 않은 교사란 아이를 보고 웃는 교사다'라고 했다. 우선 교사 자신이 아이들 앞에서 웃는 모습을 보이고 있는지 점검해보자.

또 방과 후, 교무실에서의 대화를 되돌아보자. "그 아이는 아무리 지도해도 소용없어.", "그 아이는 말을 듣지 않아."라는 식으로 아이들의 부족한 점을 비웃는 듯한 대화를 주고받는다면 그 교무실은 이미 병적인 상태. 만일 당신이 그 자리에 있다면, 의식적으로 화제를 바꾸는 '스위처^{Switcher}'가 되어 보자.

'스위처'란 그 자리의 분위기를 깨지 않으면서 화제를 돌리거나, 능숙하게 화제를 전환하는 사람을 뜻한다. 대화가 누군가의 험담으로 흘러가려고 할 때, 그 사람(그 아이, 보호자, 동료 교사)의 장점을 일부러 끄집어내서 그 사람에 대한 고정관념이 생기는 것을 막는다. 매우 뛰어난 대인관계 기술이 필요하므로 누구나 다 스위처가 될 수 있는 것은 아니지만, 이런 사람이 있으면 학교의 인적 환경이 흐트러지는 것은 미연에 방지할 수 있다.

② 교사 본위의 규칙, 선, 기준을 재검토한다

어느 선생님이 자신의 학급 경영 방침에 대해 이렇게 말했다. "저는 아이가 양보할 수 없는 선을 넘은 행동을 할 때는 호되게 야단쳐요." 야단치는 기준을 명확히 하는 것은 일관성 측면에서도, 아이들에게 쉽게 전달할 수 있다는 점에서도 매우 중요하다. 하지만 그 선이 단지 어른이 편해지려고 설정했거나, 아이의 능력 밖의 것이면 좋은 뜻에서 만든 기준이 오히려 교사의 목을 조여 오는 결과를 초래할 수 있다.

아니나 다를까, 그 학급에서는 선생님이 일상적으로 아이들을 야단치고 있었다. 나아가 반 아이들이 불공평하다고 느끼지 않게 하려는 교사의 마음이 아이들에게도 전달되어, 아이들끼리 서로를 감시한 나머지 학급의 분위기가 마치 살얼음판 같았다.

다시 한번 자신에게 물어보기를 바란다. '이 일은 꼭 야단쳐야 하는 일인가?'

예를 들면 '말하는 사람 쪽을 바라보라'든지, '선생님이 말하는 동안에는 가만히 앉아 있어라'와 같은 학습규율이나 '누가 이름을 부르면 대답한다'라든지 '발표할 때는 큰 소리로 말하자'와 같은 의사소통에 관한 예절은 서서히 길러지는 것이지, 야단맞으면서 고쳐야 하는 것은 아니다.

또한, 아이에게 자각이 없을 때나 아직 배우지 않았을 때, 그리고 발달에 장애가 있는 경우에는 계속 야단치기보다는 익숙해질 때까지 몇 번이고 인내를 가지고 가르치는 자세가 필요하다. 어른이 정한 양보할 수 없는 선이 아이들의 실정에 맞지 않을 때, 그것은 교사에게나 아이에게나 고통만 안겨주기 때문이다.

③ 교실에 부주의하게 바람을 불러일으킨다는 사실을 자각한다

어느 학교든지, 문제아들의 리더나 다루기 어려운 아이들 있게 마련이다. 그 대부분은 단체 활동이 어렵고, 억지로 뭔가를 시키려고 하면 심한 반발을 일으키기 때문에 해결책을 찾기가 어렵다. 그 결과 특정 선생님만 반복해서 담임을 맡는 경우가 많고, 담임을 맡지 않으려고 하는 선생님도 많다.

선생님 대다수는 '어떻게 하면 그 학생들을 바꿀 수 있을까?'로 고민한다. 하지만 근본적으로는 '어떻게 다룰 것인가' 하는 대응 방식이 아니라, 교사 본연의 모습이 핵심이다. 어떤 모습이 바람직한지 말로 표현하기도 어렵고, 수치화하기도 어렵다. 그래서 여기서는 '바람'이라는 말로 표현해보겠다.

문제 학생들은 '바람'에 민감하다. 큰소리로 엄격한 지도를 받으면 그 자리에 '칼바람'이 분 것처럼 느낀다. 또 일방적으로 훈계 들을 때는 '찬바람'이라고 느낀다. 그들은 그런 바람을 좋아하지 않기 때문에 종종 패닉에 빠진다.

대다수 선생님은 자신들이 학생들을 패닉에 빠지게 했다는 사실을 눈치채지 못하기 때문에 무리하게 패닉 상태를 억제하려고 한다. 아니면 상대방의 페이스를 무시하고 억지로 끌고 가거나 매뉴얼대로 무조건 안정시키려고만 한다. 그럴 때일수록 '불온한 바람'이 불기 때문에 아이들은 한층 더 저항한다.

반면에 온화함으로 감싸주는 어른 곁에는 '기분 좋은 바람'이 불기 때문에 아이들도 기분이 좋아진다. 그러나 과장되게 칭찬받으면 '뜨거운 바람'이라고 받아들이므로 어떻게 아이들을 인정해줘야 할지 판단하기가 쉽지 않다.

이런 아이들은 무엇보다 '무풍' 상태를 원한다. 그러므로 교내 연수나 교내 사례 회의에서는 어떻게 하면 부주의하게 바람을 일으키지 않을지 머리를 맞대고 고민하고 토론해야 할 것이다.

쉬는 시간이나 수업 중에 아이들에게 압력을 가하거나 바람

2장. 배경을 이해한다

을 일으키지 않도록 조심하고, 그냥 가만히 곁에 있어 줄 수 있는지 시도해보자. 또 억지로 무언가를 시키지 말고 아이의 타이밍에 자신의 페이스를 맞춰주자.

나아가 부적절한 행동에 일일이 동요하지 않는 모습을 보여주고, 주변의 시선에 신경 쓰지 않고 편안한 마음가짐을 갖는 것도 부주의하게 바람을 불러일으키지 않고 태연자약한 자세를 취할 수 있게 해준다.

④ 교사는 '감정노동'임을 인식한다

교사는 '감정노동'의 성향이 강한 직업이다. 감정노동은 육체노동이나 두뇌 노동 이외의 노동 형태로 주로 사람을 직접 대하는 직업에 요구된다.

학교는 사람들로 구성된 집단이다. 아이들을 지도하는 것은 물론, 보호자나 관련 기관과의 협력 혹은 연계가 필수다. 동료 교사와의 협동 관계, 선배에 대한 배려나 후배를 대상으로 하는 OJT(On-The-Job Training, 직장 내 교육 훈련) 등 늘 사람을 상대로 해야 하는 직업이다.

따라서 교사라는 직업에는 감정의 억제, 인내, 긴장감이 따른다. '자신의 감정을 제어하는 자는 교실을 제어한다!'라고 해도 과언이 아니다.

⑤ 아이에게 마음의 상처를 남기는 독기 뿜는 말을 하지 않는다

 교사는 아이들이 생각대로 움직여주지 않으면 조바심을 내기 쉽다. 그럴 때일수록 감정을 조절할 수 있어야 한다. 조바심이 생기면 아이들의 마음을 거스르는 '독기 뿜는 말'이 입에서 튀어나오기 때문이다.

 독기 뿜는 말에는 다음과 같은 것이 있다(다음 페이지의 그림).

 예를 들면, "몇 번 말해야 알겠어?"나 "왜 그런 짓을 하는 거야?" 등과 같은 질문이다. 정말 횟수나 이유를 듣고 싶은 것도 아닌데 자신도 모르게 채근하는 식으로 묻게 되지 않는가?

 "하기 싫으면 더는 안 해도 돼!"라든지 "멋대로 해!" 등과 같은 말처럼 숨겨진 의도가 뻔한 말투에도 주의해야 하겠다.

 윽박질러서 아이를 움직이려는 것도 독기 뿜는 말에 포함된다. "빨리하지 않으면 ○○못 하게 할 거야!", "그런 식으로 하면 ○○못 하게 될 텐데, 그래도 괜찮아?" 식의 표현으로 아이의 마음을 휘두르지는 않는지 뒤돌아볼 필요가 있다.

 그 밖에도 "교장 선생님에게 야단쳐달라고 할 거야!"와 같은 권력자의 힘을 빌리는 듯한 말투나 "그런 짓은 1학년도 안 할걸?"처럼 저학년 아이들과 비교하는 말투, "자, 이제 그만해. 잘가!"라며 포기하는 듯한 대응 방법을 들 수 있다.

 간혹 학교에서 벌어지는 체벌을 조사하는데, 주로 '친다, 때린다, 콕콕 찌른다'와 같은 신체적인 상처를 입히는 일에 한정되어 있고, 정작 마음의 상처에는 별 관심이 없다. 하지만 독기 뿜

아이에게 마음의 상처를 남기는 독기 뿜는 말

1) 질문형식의 채근
- 몇 번 말해야 알겠어?
- 왜 그런 짓을 하는 거니?
- 대체 뭐 하는 거야?
- 대체 어디서 배운 말버릇이야?

2) 숨겨진 의도를 알 수 있는 말투
- 하기 싫으면 더는 안 해도 돼! (→진심은 '해라!')
- 멋대로 해! (→진심은 '멋대로 하면 용서 못 해!')
- 네가 하고 싶은 대로 해 (→진심은 '내 말을 들어!')

3) 윽박지르기
- 빨리하지 않으면 □□못 하게 할 거야!
- 그런 식으로 하면 □□못 하게 될 텐데, 그래도 괜찮아?

4) 권력자의 힘을 빌리는 말투
- 어머니께 이를까?
- 아빠 부를 거야?
- 교장 선생님에게 야단쳐달라고 할 거야!

5) 저학년 아이와 비교하기
- 그런 짓은 1학년도 안 할 거야.
- 그런 아이는 1학년부터 다시 하세요.

6) 포기하기
- 자, 이제 그만해.
- 안녕, 바이바이.

는 말을 반복하는 것만으로도 아이에게는 트라우마(심리적 외상)가 생긴다. 눈에 보이는 상처가 아니기 때문에 말에 의한 심리적인 압력은 오히려 더 심각할 수도 있다.

독기 뿜는 말은 교육이나 '지도'라는 명목 하의 학대Maltreatment다. 교실에서 무의식적으로 이루어지는 학대는 아이들이 교사나 학교를 불신하게 만든다. 독기 뿜는 말을 계속 들어온 학급은 다음 해에도 담임에 대한 반발로 분위기가 엉망이 되기도 한다. 교사 본연의 모습은 학교 전체에서 다시 한번 점검해보아야 할 중요한 과제다.

⑥ 안전 기지의 역할을 다한다

만일 과거 교실에서의 학대로 인해 아이에게 트라우마가 되는 상처가 생겼다면 어떻게 해야 할까? 유년기일수록 유연하지는 않지만, 인내를 가지고 시간과 노력을 들이면 회복은 가능하다. 교육에 상처받은 마음은 역시 교육으로 치유하는 수밖에 없다. 그를 위한 가장 좋은 유일한 방법은 교사가 아이의 '안전 기지Secure Base'로서 역할을 충분히 하는 것이다.

아이의 성장과 애착의 연관성에 주목한 볼비(John Bowlby, 영국 정신의학자이자 정신분석가)는 '아이들이 건강하게 쑥쑥 자라기 위해서는 안전과 탐색이 필요하다'라고 했다. 신뢰할 수 있는 어른이 곁에 있으면서 안전한 공간을 만들어준다는 안도감이 아이들의 마음을 지켜준다. 그와 동시에 더 넓은 사회로 용기를 가지고 날아갈 수 있도록 도와주면 아이는 주체적으로 주변을 탐색하기 시작한다. 이 두 개의 요소를 이어주는 것이 '어태치먼트Attachment'이다(다음 페이지의 그림).

어태치먼트는 심리학에서는 '애착'이라고 번역되지만 본래 의미는 '접속, 장착, 부착'이다. 필요한 상황에서 거리를 좁히고, 그렇지 않은 상황에서는 등을 살짝 밀어서 날게 한다.

어태치먼트의 대상은 보호자에게만 국한되는 것은 아니다. 교사를 불신할 때는 교사와의 어태치먼트를 다시 이어야 한다. 교사와 교실이라는 안전 기지에 발을 디디고, 아이들의 흥미나 지적 호기심을 끌어냄과 동시에 주체적인 학습활동을 매일 응원해주는 것이야말로 마음의 상처를 치유하는 방법이다.

⑦ 말을 거는 것보다 신체적 사인을 이용한다

교사는 주로 말을 통해 아이들과 교류하려고 한다. 말로 지도하는 것은 많은 사람에게 동시에 정보를 전달하는 일이나, 멀리 있는 사람에게 신속히 뭔가를 전하는 일 등에는 효과가 있는 반면에, 앞에서 말한 '독기 뿜는 말'처럼 부정적인 영향을 초래하기도 한다.

특히, 특정 아이를 칭찬하는 말은 '왜 저 아이만 칭찬을 받는 거야?'라는 불공평하다는 마음이나 질투심을 낳는 계기가 된다. 또한, 야단치는 말이 '저 아이는 자주 혼나는 아이야!'라는 생각을 들게 해 아이들 사이에서 마운팅(상대를 아래로 보고, 자신의 우월성을 지키려는 것)에 쓰이기도 하므로 주의하자.

필자는 행동의 적절함을 지지할 때도, 부적절한 행동을 제지

안전 기지와 탐색 행동을 지탱하는 어태치먼트

안전 기지(Secure Base)와 탐색 행동(Exploration)

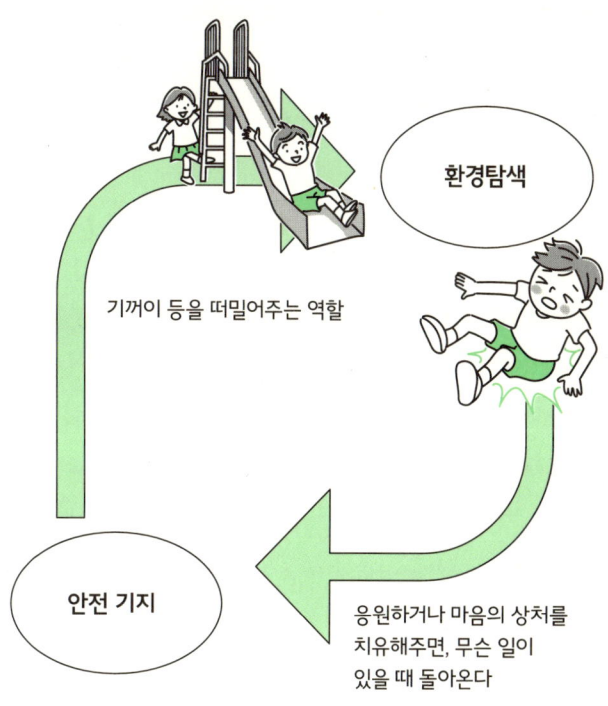

환경탐색

기꺼이 등을 떠밀어주는 역할

안전 기지

응원하거나 마음의 상처를 치유해주면, 무슨 일이 있을 때 돌아온다

2장. 배경을 이해한다

할 때도 말이 아닌, 신체 사인(신체의 부위를 사용해 정보를 전달하는 것)으로 전달한다(다음 페이지의 그림). 엄지를 척 올리는 자세나, 손과 팔을 펼쳐 행동을 저지하는 스톱 사인을 적절한 타이밍에 활용하도록 하자.

⑧ 상대방에 대한 경의를 나타낸다

특수교육의 기본은 뭐니 뭐니 해도 다양성의 존중이다. 그를 위해서는 상대방에 대한 경의Respect를 빼놓을 수 없다. 교실에서 아이들에 대한 경의, 학교에서 보호자나 관계자에 대한 경의, 직원실에서는 동료에 대한 경의를 빠뜨릴 수 없다.

경의의 대상은 비단 사람에게만 국한되는 것은 아니다. 상대방이 보고 느낀 것, 상대방이 생각 끝에 행동한 것, 상대가 소중히 여기는 것, 상대가 짊어지고 있는 것……. 이 모든 것이 경의의 대상이 되어야 한다. 상대방에 대한 경의에 넘치는 말에는 사람의 마음을 지지하고, 긍정적으로 만드는 힘이 있다. 반대로 경의가 부족한 말은 타인의 흠집 내기로밖에 들리지 않는다.

아이들에게 '무엇을 어떻게 전달할까?'가 아니라, '어떤 태도로 경의를 나타낼까?'로 교사로서의 성취감이 달라진다.

말을 거는 것보다 신체적 사인

말이 아니라, 신체적 사인으로 전달한다

적절한 행동에 엄지 척

부적절한 행동을 옆이나 정면에서 제지

3. 수업 실력을 연마한다

예나 지금이나 좋은 수업은 아이들을 매료하고, 실력을 길러 준다. 그렇다면 예전에 좋다고 생각되었던 수업 방식을 요즘 아이들도 원할까?

지금까지 좋게 여겨졌던 전통적인 수업은 교사가 지시하면 모두가 따르는 수업이나 교사의 질문에 아이들이 손을 들어 응하던 수업, 목표를 향해 전원이 의욕적으로 학습에 임하는 수업……. 이런 이미지가 있었다. 피터 존스튼(2018, Peter H Johnston)은 이와 같은 수업관이 성립되려면 교사는 '교실에서 지식을 주는 자'이고, 아이는 '지식을 받는 자'라는 입장을 분명히 해둘 필요가 있다고 했다.

과거에는 교재연구, 교수법(가르치는 방법) 연구를 중심으로 한 수업을 잘 연구하면 일단 수업은 이루어졌던 시대가 있었다 (어쩌면 마치 잘 되고 있다고 착각하고 있었던 것뿐인지도 모르지만……). 물론 교재나 교수법 연구도 대단히 중요하고 빠뜨릴 수 없다. 하지만 그것만 잘한다고 수업이 잘되지 않는 것이 요즘 교육 현장의 실태다. 수업의 성공 모델을 그대로 따라 해도 생각대로 되지 않는다. 수업 실력을 연마하는 것은 인적 환경 및 수업의 유니버설 디자인 모두에서 중요하다. 이에 대해 생각해 보자.

① 몸소 지속적인 배움을 실천한다

지금까지의 방식이 통용되지 않는 교실의 현실 앞에서 교사에게 요구되고 있는 것은 교사 자신이 지속해서 배우는 것이 아닐까? 하지만 유감스럽게도 학교에서 의욕적으로 실천하는 선생님이나 연구를 열심히 하는 선생님을 이단시하거나, 이상한 사람 취급하는 현상이 있다. 교내 연구 주임이나 연구부장이라는 직책은 불필요한 일을 계획하는 사람 취급을 받는 경우가 있다. 또한, 교원의 부정적인 업무태도가 지나치게 보도되는 세태 속에 쉬는 날 몸소 세미나에서 뭔가를 배우거나, 책을 읽는 교사는 오히려 이상한 사람으로 비칠지도 모른다.

하지만 아이들이나 보호자는 '계속해서 배우는 교사야말로 진정한 교사다'라는 사실을 잘 알고 있다. 그래서 자기 계발을 위해 세미나에 모인 교사들의 모습이야말로 진정한 교사라고 생각한다. 계속해서 배우는 사람들이 모이는 곳에 들어가 여기가 '내가 있을 곳'이라는 소속감을 느끼기를 바란다.

② 아이들을 매료하는 요소를 수업에 도입한다

게임은 아이들이 쉽게 빠져드는 것 중 하나다. 학교에서는 '좋지 않은 것', '바람직하지 않은 것'으로 간주하지만, 오히려 게임이 가진 매력을 잘 분석해서 수업에 도입하는 편이 교육 활동에 충실할 수 있다.

게임이 아이들을 매료시키는 이유는 다음과 같다.

✹ 난이도 설정을 잘한다

지나치게 쉽거나 어려워도 싫증이 난다. 수업도 마찬가지. 더구나 게임은 한번 싫증 나면 거들떠보지도 않는다. 잘 만들어진 게임은 '조금 어려워도 열심히 해볼까?'라는 난이도를 계속 유지하기 때문에 아이들을 몇백 시간이나 게임에 붙잡아놓을 수 있다.

✹ 칭찬으로 성취감을 높여 준다

'레벨이 올라간다', '1UP(플레이 횟수가 느는 것)', '다시 살아난다' 등 적절한 시기에 '보상'을 얻을 수 있다. 이 보상을 얻으려고 노력하기 때문에 게이머가 지속적으로 높은 의욕을 보이는 것이다. 또한 '리플레이' 기능을 이용해서 자신이 잘한 게임을 되돌려 볼 수도 있다.

✹ 목표설정과 참여를 유도하는 아이디어가 기발하다

초기의 목표는 쉽게 성취할 수 있게 되어 있지만, 그다음 목표까지의 거리가 멀다. 그런 사실을 게이머가 눈치채지 못하게 스텝을 절묘하게 만들어 놓는다. 최종목표가 확고하게 설정되어 있으며 중간목표가 보이는 곳에서는 여러 개의 선택지가 있어서 참가자 자신이 선택할 수 있게 되어 있다. 이러한 아이디어로 게이머가 스스로 만들어가고 있다는 느낌을 받는다.

더는 '나는 교사니까 무조건 내 말을 들어줄 거야'라는 생각이 통하는 시대가 아니다. "잘 들어라!"라든지 "수업을 듣고 싶어 하는 다른 아이들의 권리를 빼앗지 마!"라고 말하면 다시 교사에게 집중하리라 생각하는 것은 구시대적인 사고방식이 되었다.

오래 집중하지 못하는 아이들이나 학습에 의욕이 없는 아이들은 더 빨리 지루함을 느낀다. 그들을 '수업의 재미에 민감한 아이들'이라고 재해석하는 데에서 출발해야 한다.

말을 듣게 하려는 것보다 아이들이 자신도 모르게 참여하고 싶은 수업을 만드는 것, 즉 자발적으로 마음이 움직이는 상황을 만드는 것이 요즘 아이들 실태에 맞는 수업 방식이 아닐까?

③ 아이들이 계속 듣기 힘들어한다는 전제하에 일제히 지시하고 설명하도록 한다

이 장 첫머리①(45쪽)에서 논한 바대로 요즘은 많은 아이가 이야기를 차분히 듣지 못한다. 지도할 때 우선 이런 점을 인식해야겠다. 다음은 전원에게 지시할 때의 8가지 원칙을 정리해 보겠다.

✳ 주의 환기의 원칙
우선 이야기를 시작하기 전에 충분히 주의를 끌자. 한번 말해서 전달되지 않을 때는 다시 한번 처음부터 시작한다.

✳ 지시 하나당 행동 하나의 원칙
한 번에 받아들일 수 있는 만큼의 양만 전달한다. 저학년은 한 번 지시할 때 하나의 행동만 전달하고 그것을 실행에 옮기면 칭찬해준다.

✽ 추임새 생략의 원칙

우리는 의외로 '음-', '저-', '-지?'와 같은 추임새를 많이 쓰는 버릇이 있다. 이는 알아듣는 데 방해가 되므로 평소에도 되도록 사용하지 않도록 하자.

✽ 시각적 지원의 원칙

언어만으로 지시나 설명을 하는 것이 아니라, 실물이나 일러스트, 사진이나 글자 등을 보여주면서 말하면 이해하기 쉽다.

✽ 구체적 조작의 원칙

아이가 동작이나 조작할 수 있는 것을 알려주면 즉시 흉내 낼 수 있어서 쉽게 이해한다.

✽ 복창 확인의 원칙

지시를 복창하게 한다. 입력한 것을 출력하면 쉽게 익힐 수 있고, 이해하고 있는지 아닌지도 확인할 수 있다.

✽ 반복 연습의 원칙

모든 것을 한 번에 다 익힐 수 있는 것은 아니다. 몇 번이고 반복해서 가르쳐 주어야 한다.

✽ 즉시 대응의 원칙

지시한 대로 행동하지 못하면 바로 멈춰서 다시 한번 알려주거나, 다시 하게 한다.

④ 지도 기술을 정리하고, 교류하며 배우게 한다

수업에서 교사의 지도 기술은 지도Instruction, 개입Intervention, 코칭Coaching, 촉진Facilitation의 네 가지로 나뉜다.

✸ 지도
지도는 교사의 주도하에 집단 전체를 특정 방향으로 이끄는 것을 말한다. 좁은 의미에서는 이를 '일제 지도', '전체 지도'라고 해석하기도 한다. 이 장 3의 ③(73쪽)에 나온 일제 지시의 원칙은 지도할 때의 원칙이다.

✸ 개입
개입은 아이의 행동상 문제를 미연에 예방하거나, 바람직한 행동을 가르치는 것이다. 즉 교사가 아이의 행동에 개입하는 개별적인 관여를 말한다. 이 장 2의 ⑦(66쪽)에서 말한 신체적 사인은 개입에 해당한다.

✸ 코칭
최근 교육 현장에서 중요시되는 접근방식의 하나다. 대답을 알려 주는 'Teaching'과는 달리 아이의 내면에 다가가 대답을 끌어내거나 바람직한 방향으로 이끄는 접근방식이다. 코칭의 기본적인 기술에는 경청과 승인, 질문의 세 가지가 있다.

✸ 촉진
이 또한 최근 교육 현장에서 중요하게 주목받고 있는 접근방식의 하나로 '집단에 의한 지적 상호작용을 촉진하는 움직임'이라고 한다.

이러한 지도 기술은 사상한$^{Four\ quadrant}$ 평가지표로 정리할 수 있다(다음 페이지의 그림). 이 평가지표는 세로가 '집단인가 개인인가'를 가로에 '교사 주도인가 아동 행동에 대한 지원인가'로 설정되어 있다.

이 네 개의 지도 기술 가운데 지금 가장 주목을 받는 것은 '촉진'이다. 촉진을 한마디로 하면 '남들과 교류하는 가운데 배우게 하는 것'이다.

담임이 모든 것을 이끄는 반, 담임이 주입식으로 가르치는 수업은 물론 간편히 지식을 전달하고 지능을 발달하게 할 수 있다. 하지만 그렇게 하면 교실 안에서만 통용될 뿐, 진정한 실력을 기르지 못할 수도 있다. 조금 시간이 걸리더라도 아이들과 서로 교류하면서 아이들 자신이 주체적으로 문제를 해결해나가는 상황이 필요하다. 이를 통해 길러진 실력은 언젠가 틀림없이 발휘할 수 있을 것이다.

⑤ 촉진의 구체적인 방법을 활용한다: A 페어 활동

수업에서 키워드는 참여한다는 느낌과 성취감이다. 참여한다는 느낌이 별로 없거나 성취감이 없다고 느끼면 순식간에 아이들은 수업에서 마음이 멀어지기 때문이다. 그러므로 곰곰이 생각하거나, 서로의 의견을 내놓는 시간을 확보해야 한다. 그 구체적인 방법의 하나가 페어 토크나 페어 활동이다. 옆 사람과 공부한 것을 공유하는 페어 토크나 페어 활동에는 다음과 같은 의의가 있다.

지도 기술의 사상한 평가지표

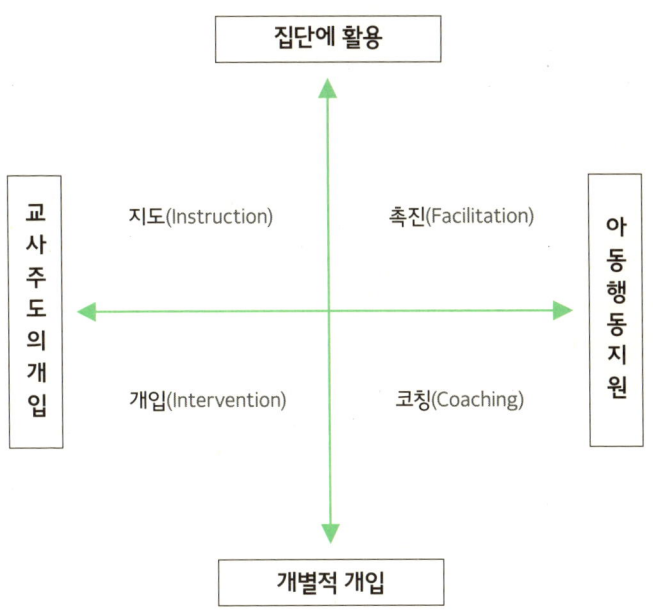

2장. 배경을 이해한다

❋ 입력한 것을 출력함으로써 기억에 남는다
머리로 알고 있는 것을 다시 자신의 말로 정리해볼 수 있다.

❋ 이해도나 활동의 진행 상황을 맞출 수 있다
'지금까지 중요하다고 생각한 것을 상대방에게 말해보자'라든지, '혹시 노트에 빠뜨리고 못 적은 것은 없는지 확인해보자'라는 시간을 가짐으로써 두 사람이 페어로 확인해보고 이해도나 페이스를 맞출 수 있다.

❋ 타인의 필터를 통해 배울 수 있다
같은 이야기를 들어도 사람에 따라 다르게 느낀다. 그것을 서로 이야기함으로써 새로운 관점을 얻을 수 있다.

❋ 계속 집중하기 위해 잠시 환기하는 효과가 있다
이야기를 일방적으로 계속 듣는 것이 어려운 아이는 기분을 전환할 수 있다.

❋ 생각을 정리하게 하거나 자신감을 느끼게 한다
반 전체에서 발표하기 전에 페어로 이야기해봄으로써 생각을 정리할 수 있다. 또한, 사전에 발표를 연습할 수 있어서 서로의 반응을 보면서 자신감이 생긴다.

그렇다고 무조건 페어 토크나 페어 활동만으로 다 되는 것은 아니다. 모든 아이가 같은 방식으로 배우는 것이 아니라, 아이마다 개성과 개인차가 있기 때문이다.

따라서 질문의 난이도로 조절하면서 페어 토크가 충실할 수

있도록 노력한다. 예를 들면 페어 사이에 배움의 차가 날 때는

"Yes인지, No인지 함께 의견을 맞춰보자."

"A나 B 어느 쪽으로 할지 둘이서 정하자."

"공백에 들어가는 것은 무엇일지, 둘이 생각 보렴."

이와 같은 폐쇄형 질문을 던진다.

⑥ 촉진의 구체적인 방법을 활용한다: B 갤러리 워크

갤러리에서 미술품을 돌아보듯이 같은 반 친구의 기술이나 작품을 둘러보는 것을 '갤러리 워크'라고 한다. 이런 활동의 의의는 다음과 같다.

✻ 자리를 뜰 기회를 허용한다
많이 움직이는 아이나, 한 자세를 오래 유지하지 못하는 아이가 마음을 다시 잡을 시간을 만들 수 있다.

✻ 조용한 시간을 만들 수 있다
청각 정보에 주의를 빼앗기기 쉬운 아이들에게 의도적으로 조용한 상황을 만들어 준다.

✻ 각성 상태를 유지한다
일어선다→걷는다→앉는다 같은 일련의 행동으로 멍하던 아이의 의식 수준을 회복시킬 수 있어서 다시 집중하기 쉽다.

✻ 개별적으로 서포트(개입)하기 쉽다

전원이 동시에 움직여야 하므로 도움이 필요한 아이 옆에 교사가 붙어 있기가 용이하다.

반면에 교실의 규율이 없는 상태에서 시작하면 그저 무질서한 상황에 빠져 버릴 수 있다. 이와 같은 상황을 막기 위해 전원이 노트에 다 적기 전에 경과를 확인하기 위한 갤러리 워크 시간을 설정하든지, 갤러리 워크 자체를 단시간으로 설정해서 효과적으로 돌아다닐 수 있게 한다. 결과적으로 반 전체를 성장시킬 수 있다.

4. 아이들을 이어주고 학급 전체를 보살핀다

어떤 아이든지 '칭찬받고 싶다', '인정받고 싶다'라는 마음이 있다. 그래서 많은 아이가 어른(학교에서는 교사, 가정에서는 보호자 등)의 안색을 살피면서 칭찬받을 것을 기대한다.

아이가 행동하기 전에 중요한 타인의 반응을 살펴서 행동을 결정하는 현상을 '사회적 참조 Social referencing'라고 부르며, 이는 만한 살 전부터 시작된다고 한다. 어떤 사람이나, 사물, 사건을 처음 접할 때, 어른이 보여주는 반응을 통해 '안전한지, 위험한지' 혹은 '바람직한 행동인지, 아닌지' 등을 판단하고, 새로운 상황에 대처한다. 어른의 얼굴을 살피면서 행동하는 것 자체는 결코 나쁜 것이 아니며, 오히려 정서의 발달과정으로서 매우 중요하다.

하지만 언제까지나 어른의 안색에만 신경 쓰면 의존성이 강해지고 스스로 판단하지 못한다. 남의 눈치를 보면서 살게 된다는 문제도 발생한다. 그래서 여기서는 어른의 안색을 살피면서 행동하는 단계에서 스스로 생각해서 행동할 수 있는 아이로 기르기까지의 과정을 정리해보겠다.

① 목표를 향해 가는 행동에 가치를 부여한다

학교에서 교사의 안색을 살피는 아이가 많다면, 그것은 교사의 마음속에 있는 칭찬하고 인정해 주는 기준을 아이들에게 가시화하지 못했기 때문이다. 우선 마음속에 있는 내적 기준을 겉으로 드러내는 데서 출발하자.

학급 목표를 예로 들어보자. 연초에 아이들이 학급 목표를 세우고, 예쁘게 장식해서 교실 앞쪽에 전시하는 반이 많은데, 유감스럽게도 일 년 내 장식만 해 놓을 뿐 별로 쳐다보지 않는 경우가 많다. 그러니 학급 목표를 효과적으로 활용하는 방법부터 생각해 보자.

우선 아이가 학급 목표에 맞는 행동을 하면 그 즉시 "목표를 생각하면서 행동했구나."라고 칭찬해준다. 이렇게 하면 학급 목표는 장식품으로 끝나는 것을 막을 수 있고, 아이도 교사의 안색만 살피는 것이 아니라, 학급 목표를 마음에 새기면서 스스로 생각해서 행동할 것이다.

학급 목표를 잘 활용하는 5단계

1단계

아이의 심리 메커니즘을 파악한다.
공감보다 질투가 먼저 생긴다.

2단계

추상적인 목표는 구체적인 행동 목록을 작성한다.
이 목록은 붙여놓지 말고 선생님의 머릿속에 저장해둔다.

3단계

목록에 있는 말이 나오면 즉시 평가해준다.
씨를 계속 뿌려 놓는다.

4단계

질투하는 아이들이 나타나면 그냥 지나친다.

5단계

공감하는 아이들이 나타나면 보고하는 아이도 칭찬한다.

② 학급 목표를 더 잘 활용하는 방법을 생각한다: 학급 경영을 위한 5단계

학급 목표는 개별적으로 칭찬하거나 인정하는 것에 그치지 않고, 학급 운영에도 살릴 수도 있다. 다음 5단계를 의식하면서 해보자.

1단계

가장 먼저 아이들의 심리구조를 이해해야 한다. 학급이 잘 운영되고 있을 때는 아이들 사이에 공감이 형성되어 있다. '남의 행실을 보고 내 행실을 고친다'라는 말이 있는데, 예를 들면 "B는 대단해."라고 특정 아이를 칭찬하면 주변에 칭찬받지 않은 아이도 얼른 자세를 교정하곤 한다. 즉 누군가가 칭찬받는 것을 보고 배우는, 말하자면 공감이 확산된 학급의 특징이라고 할 수 있다.

하지만 공감과 질투는 종이 한 장 차이다. 많은 아이가(어른도 그럴지 모르지만) 공감보다 질투심을 먼저 느끼기 때문이다. 질투가 지배하는 반에서는 누군가가 칭찬을 받으면 '얄미워, 나는 인정받지 못했는데!'라고 느끼기 쉽다. 반면에 야단맞는 상황을 보면 '그것 봐, 깨소금이다!'라는 생각이 든다. 1단계는 공감보다 질투가 일어나기 쉽다는 심리구조를 잘 파악해야 하겠다.

2단계

두 번째 단계에서는 학급 목표를 구체화한다.

예를 들면 '서로 도와주는 반'이나 '서로 힘이 되어 주는 반'이라는 크고 추상적인 목표를 설정했다고 치자. 이 경우는 서로 도와주고 힘이 되어 준다고 느껴지는 말 목록을 작성해보면 어떨까?

* **친구를 기다리는 상황**
 "함께 가자" "기다릴게" "서두르지 않아도 괜찮아" "아직 시간 있어" 등

* **친구를 격려하는 상황**
 "틀림없이 할 수 있어" "함께 열심히 해보자" "틀려도 괜찮아" 등

* **친구에게 힘이 돼 주는 상황**
 "도와줄게" "같이 들자" "내가 뭐 할 일 있어?" 등

이러한 목록은 아이들을 지도할 목적으로 만드는 것이지, 교실에 장식용으로 붙여놓는 것이 아니다. 이렇게 붙여놓으면 눈치 빠른 아이는 '이 말을 하면 선생님이 칭찬해줄 거야'라고 생각한다. 즉 정답을 보여주는 것이나 다름없다. 그러므로 붙여놓지 않고 담임 선생님의 머릿속에만 저장해두자. 가능하면 부담임이나 학과목 담당 교사와도 미리 공유해둔다. 중학교에서는 학교 전체에서 공통 인식으로 가지고 있으면 좋겠다. 이처럼 선생님의 머릿속에만 구체적인 목록을 작성해두는 것이 두 번째 단계다.

3단계

세 번째 단계다. 여기서부터는 1단계와 2단계를 합쳐서 활용한다. 우선 2단계의 목록에 있는 말을 아이가 하면 바로 평가해준다. 예를 들면 "지금 C가 한 말 모두 들었니? '천천히 해! 아직 시간 많아'라고 말했어. 이것은 우리 학급 목표에 딱 맞지 않니? 우리 반에서 이런 말이 많이 들리면 좋겠다."라는 식으로 칭찬한다. 이 단계는 한동안 계속할 필요가 있다. 계속 씨만 뿌려 놓는 시기라고 생각하면 된다.

4단계

네 번째 단계다. 3단계를 한참 동안 하다 보면 슬슬 아이들 사이에 질투심이 생기기 시작한다. 좀처럼 선생님께 인정을 못 받는다고 느꼈던 아이가 "선생님 저도 말했는데요?"라고 호소할지도 모른다. 이때 바로 칭찬해버리면 쉽게 질투가 확산되는 반이 되고 만다. 칭찬도 하지 말고 부정도 긍정도 하지 않는다. "어, 그랬니?"라고 말하고 끝낸다.

5단계

자, 이제 다섯 번째 단계다. 3단계를 계속 반복하다 보면 질투하는 아이의 등장에 이어, 공감하는 태도로 선생님에게 보고하는 아이들이 나타나기 시작한다. 예를 들면 "선생님 D가 '틀려도 괜찮아!'라고 저에게 말해주었어요.", "선생님 E가 '틀림없이 할 수 있어!'라고 격려해주었어요." 라고 상대방의 긍정적인 행동을 알려주는 아이가 등장한다. 공감도가 높은 아이들이다. 이런 보고를 받으면 바로 "아 그래? D는 대단하네. 그리고 말해준 너도 훌륭해!", "E의 말은 참 따뜻하구나. 그리고 알려준 너도 고마워!"라고 말해서 보고하는 아이도 함께 칭찬한다. 이런 단계를 밟음으로써 아이들의 마음이나 행동을 연결해주고, 추상적인 목표도 잘 활용할 수 있다.

1~5단계는 순서가 복잡하다고 생각할지도 모르지만, 여기까지 다 예상해두어야 아이들을 잘 지도할 수 있다. 특수교육이든 학급 운영이든 큰 문제가 일어난 다음에 대처하는 것이 아니라, 늘 미리 앞장서서 지도할 수 있도록 노력하자.

제3장

질서 있는 학급을 만든다

무너져가는 학급을 되살려라!
아이들의 마음 그릇을 키우는 교육 방법

마쓰히사 마나미 Matsuhisa Manami

1. 왜 하필 붕괴되어 가는 학급의 담임을?

"선생님, 진짜 엉망진창이에요. 한번 와서 보시겠어요?"

새 학기가 시작된 지 얼마 되지 않아 Y선생님에게 전화가 걸려왔다. Y선생님은 교육위원회가 주최하는 연수에 참여했을 때 나와 같은 그룹이었다. 새로 5학년 담임을 맡았다고 들었는데, 즉시 전화로 도움을 요청한 것이다. 필자는 바로 학교로 달려가서 산수 수업을 참관해보았다. 놀랍게도 의자에 제대로 앉아 있는 학생은 10명에 불과했다. 다른 아이들은 걸어 다니거나, 화장실에 갔다. 운동장에 나가 체육 수업도 지켜보았다. 수업을 알리는 종이 울리자 줄을 서 있는 학생은 고작 3분의 1 정도로, 나머지 아이들은 철봉이나 정글짐에 올라가서 놀고 있다. 전원이 다 모이는 데 10분이나 걸렸다.

이 5학년은 1학년 때부터 몇 개 반이 붕괴되어 있는(학급 붕괴, 혹은 교실 붕괴는 교과교육이나 생활지도에서 통제력을 상실한 상태를 말한다) 학년이었다. 전년도는 도중에 담임이 바뀌었고, 아이들은 자리를 뜨거나, 소리를 지르거나, 수업 중 잡담, 담임에 대한 폭언이 다반사여서 수업이 제대로 이루어지지 않았다. 수업을 알리는 종이 울려도 교과서나 노트를 꺼내지 않았고, 준비물도 갖춰지지 않아서 수업을 시작하는 데까지 많은 시간이 걸렸다. 음악실로 이동하는 도중에는 싸움이 일어나거나, 음악실에 도착하지 않은 일도 종종 있었다. 어쩔 수 없이 음악 선생님이 교실에 가서 수업할 지경이었다.

쉬는 시간에도 문제의 연속이었다. 싸우거나 운동장에서 뭔가를 하는 아이들도 있었다. 좀처럼 교실에 돌아오지 않아서 물어보니 과자를 먹고 있었다는 사실이 밝혀졌다. 이런저런 경위를 파악하다 보니 그만큼 수업 시간이 줄어들었다.

학교 안에서뿐만 아니라, 지역사회에서도 불만이 접수되었다. 누군가가 아파트 옥상에서 물이 든 페트병을 던졌던 것이다. 한번은 주차장에 세워둔 차를 파손시킨 적도 있었다. 학부모들은 수업이 지체되는 것에 우려의 목소리를 냈다.

이 학년에는 도움이 필요한 아이와 보호자 사이에 유대관계가 형성되지 않아 애착에 문제가 있는 사례가 여럿 있었다. 어떤 학급은 4학년 중간에 담임이 바뀌었는데, 여전히 기물파손, 돌아다니기, 담임에 대한 반항, 수업 보이콧, 왕따, 등교 거부 등, 문제가 산더미처럼 많아서 누구도 담임을 맡고 싶어 하지 않았다.

Y선생님은 담임을 맡았을 때부터 어느 정도 아이들이 얌전히

있지 못하리란 것을 예측했지만, 예상보다 더 엉망이었다. 솔직히 말하면 '왜 하필 내가 이 반의 담임을 맡아야 하지?'라고 좌절했다고 한다. Y선생님은 작년에도 엉망인 6학년을 맡았기 때문에, 올해는 차분한 반의 담임을 맡고 싶었지만 그 희망은 이루어지지 않았다.

2. 마음을 가다듬고

Y선생님이 작년에 맡았던 학급도 간신히 졸업은 했지만 언제 터질지 모르는 풍선을 다루는 듯 불안한 일 년이었다. 작은 구멍이 생길 때마다 테이프로 수선해서 다행히 터지는 일은 없었지만, 상처투성인 풍선을 중학교에 넘겨준 듯한 느낌이었다.

'스스로 만족할 만한 일 년으로 만들어야지', '아이들을 따뜻하게 품어주는 학급을 만들고 싶어'라고 마음을 다시 가다듬고, 학년 초부터 여러 가지 일을 실행에 옮겼다.

5학년 2학기에 연구 수업이 있었다. 필자뿐 아니라, 담임 이외의 학과목 선생님도 참관하러 왔다. 연구 수업을 마친 후 평가회에서 음악 선생님이 울고 있었다. 작년에 음악실 오지 않았던 아이들이 생기 넘치게 수업에 참여하고 있는 모습에 감동했기 때문이다. 이 반 아이들은 담임 이외의 선생님에게도 주의를 듣는 일이 많았기 때문에, 그 선생님들이 '○○가 돌아다니지 않고

붕괴된 학급

3장. 질서 있는 학급을 만든다

곧은 자세로 앉아 있었다', '△△이 열심히 공책에 적고 있었다', '□□가 반 아이들 앞에서 의견을 발표했다'라고 입을 모아 감탄했다.

그렇다면 Y선생님은 새 학기부터 어떻게 학급을 운영해왔던 것일까?

3. 인적 환경이란 무엇인가

이 책의 테마인 '인적 환경'이란, 도대체 무엇을 말하는 것일까? 한 마디로 '질서 있고 안심하고 공부할 수 있는 친절함으로 가득한 학급'을 말한다. 따뜻한 학급을 만들면 아이들끼리 서로 도와주고 길러주는 분위기가 자연스레 형성된다.

인적 환경에는 두 가지 관점이 있다. 하나는 도움이 필요한 아이나 주변 친구를 포함한 학급 전체, 또 하나는 교사 자신이다. 이 두 가지가 합쳐져야 인적 환경을 최대로 구현할 수 있다. 어느 학급에나 신경 쓰이는 아이도, 도움이 필요한 아이도 존재한다. 그래서 개별적인 지도와 함께 학급 전체를 성장시키는 집단지도의 두 가지가 필수 불가결하다. 이 두 가지는 자동차의 양쪽 바퀴처럼 하나라도 없으면 전체가 탈선하고 만다.

'개별적인 배려지도'란 아이들 한 사람 한 사람의 평가에 따른 인지 특성에 맞는 지도를 말한다. 그러나 여기에 지나치게 신경을 쓴 나머지, 다른 아이들이 '편애한다', '나도 저 애처럼 하고 싶어'라는 요구가 폭발해서 수습할 수 없는 상황에 빠지고 만다. 학급 운영은 개별적 지도가 아니라, 집단 지도다. 당연하다고 생각할지도 모르지만, 세상에는 그럴싸한 말에 현혹되어 개별지도에 힘을 쏟는 선생님들은 많다. 특히 열정적이고 선량한 선생님일수록 이를 혼동한다. 필자 역시 아이들의 속마음을 들어주고 싶어서 점점 깊이 관여한 나머지 교실이 엉망이 되었던 적이 있다.

즉 집단 지도에 바탕에 두지 않으면 개별적인 배려지도는 효과가 없다. 수업 중에 좌석을 어떻게 배치할지 연구하고, 인지 특성에 맞는 인쇄물을 준비하는 등 특성에 맞는 지도를 했다고 해도, 다음 쉬는 시간에 왕따를 당했다면 그 아이는 수업에 집중할 수 있을까? 질서가 잡혀서 왕따와 폭력이 없는 집단이 아니면, 도움이 필요한 아이는 안심하고 등교할 수 없다.

학급이 무질서하고 안정되지 않으면 가장 먼저 있을 곳이 없어지는 것은 도움이 필요한 아이들이다. 친구들끼리 서로 도와주는 따뜻한 인간관계가 형성되어 있는 반이 아니면 도움이 필요한 아이를 기르는 데는 한계가 있다.

또 한 가지 질서 있는 학급을 만들 때 중요한 점은 하드한 면과 소프트한 면이다. 하드한 면이란 시각적 지원, 스케줄 제시, 예측, 구조화 등의 환경정비를 말한다. 소프트한 면이란 칭찬하는 방법이나 야단치는 방법, 이해하기 쉬운 지도방식, 시선을 보내는 방법 등, 그리고 '교사가 아이들에게 신뢰나 존경을 받고 있는가?'같은 교사의 행동거지나 스킬을 말한다.

하드한 면과 소프트한 면은 둘 다 필수 불가결하다. 설령, 칠판에 카드를 붙여서 시각적 지원(하드한 면)을 시행해도, 교사의 설명(소프트한 면)이 분명치 않으면 아이들은 내용을 이해하지 못할 것이다. 반대로 아이들 전원이 교사를 신뢰하고 있다고(소프트한 면) 가정하고 칠판에 적지 않고 일방적으로 듣기만 하는 수업이나 스케줄이 항상 바뀌는(하드한 면) 반에서는 도움이 필요한 아이는 차분하게 공부할 수 없다. 하드한 면, 소프트한 면 양쪽을 다 신경 쓰지 않으면, 학급에는 반드시 문제가 생긴다.

하드한 면은 시간과 노력이 필요한 일이 많지만, 소프트한 면은 교사의 느낌이나 센스로 실천해 옮기는 일이 많다. 그래서 필자는 이 느낌과 센스를 언어화해서 '20개의 방안'을 제창했다. 하드한 면과 소프트한 면 양쪽을 갖춘 '질서 있고 안심하고 공부할 수 있는 친절로 가득한 학급'은 도움이 필요한 아이들에게 최상의 환경이다.

아이들은 도움이 필요한 아이에게 교사가 어떻게 대하고 있는가를 자세히 관찰한다. 교사의 차가운 말투나 표정을 보면 그 아이를 소중히 대하지 않는다는 것을 간파한다. 나아가 주변 아이들도 그 아이에게 차가운 말을 쏟아붓게 된다. 따라서 교사는 늘 친절이 가득한 말투를 구사하도록 유의해야 하겠다. 아이를 믿고, 변명을 들어주고, 따뜻한 말을 건네는 것이다.

교사는 하루에도 몇 번씩 아이들에게 말을 건다. 그 말이 호의에 찬 것인지, 악의에 찬 것인지에 따라 교실 분위기는 180도

바뀐다. 교사가 악의에 찬 말을 건네면 냉랭하고 삐걱거리는 인간관계가 형성된다. 반대로 교사가 호의에 찬 말을 건네는 학급은 아이들끼리도 조금씩 호의가 생기고, 따뜻한 분위기나 친구를 돕는 분위기가 형성된다. 따뜻한 분위기가 넘치는 학급이 소외당하기 쉬운 아이들에게 중요하다는 것은 말할 필요도 없다.

소프트한 면은 다른 말로 '인적 환경'이라고 말해도 좋다. 이는 교사의 바람직한 행동거지를 나타내는데, 이 행동거지는 집단에 대한 소셜 스킬에 큰 영향을 미친다. 교사가 도움이 필요한 아이들에게 따뜻한 목소리로 말을 걸고 자애로운 시선을 보내고 있는가, 그 아이를 무시하는가에 따라, 그 아이를 둘러싼 환경이 확 바뀌고 만다. 그야말로 교사의 행동거지는 집단에 영향을 미치는 인적 환경이라고 할 수 있다.

질서 있는 학급 만들기 관점

● 하드한 면	● 소프트한 면
• 시각적 지원 • 스케줄 제시 • 예상 • 구조화	• 칭찬 방법 • 야단치는 방법 • 말투 • 지시하는 방법 • 시선을 보내는 방법 • 교사가 아이들에게 신뢰와 존경을 받는 것

4. 4월부터 실시한 7가지 방안

자, 이제 이야기의 맨 처음으로 돌아가자.

Y선생님은 학년 초부터 침착하지 못한 반에 어떤 방법을 썼던 것일까? Y선생님은 다음의 7가지를 실천했다.

- 정숙의 시간을 가짐
- 시각적 지원
- 말하는 방법의 연구
- 토큰 제도
- 야단치는 기준을 명확히 한다
- 계속 칭찬한다
- I believe

지난해에 붕괴했던 학급이기에, 신속한 대처를 위해 응급처치하듯 위 7가지를 시작했다. 이제부터 각 방안을 상세하게 설명하겠다.

대처방안 1: 정숙의 시간을 가짐

교사들은 되도록 수업을 활기차고 즐겁게 진행하고 싶어 하고, 아이들도 즐거운 수업을 좋아한다. 하지만 자칫 흥분해서 수다가 늘고, 교실이 소란스러워지는 일이 일어날 수도 있다. 교실이 소란스러우면 흥분하는 아이도 늘어나 교사의 말을 듣지 않아 문제를 일으킨다. 반면에 소란을 싫어하는 자폐 스펙트럼을 가진 아이들은 있을 자리가 없어져서 결국 교실을 박차고 나가든지, 보건실로 피난을 하곤 한다.

아이들이 흥분하는 시점을 제때 알아채지 못하면 점점 심해져서 교사는 큰소리를 지르지 않을 수 없다. "조용히 해!", "시끄러워!"라고 화를 내면 모처럼의 즐거운 분위기를 망치고 만다. 또한, 청각이 과민한 아이는 불안해서 교실에 가만히 있지 못하고 잔소리가 심한 교사에게 반발하기 시작할지도 모른다.

이럴 때는 야단치는 것이 아니라, '정숙의 시간'(침묵 모드, 소곤소곤 모드 등)으로 안정시킨다. 필자는 조용히 잡담하지 않고 작업에 임하는 시간을 '정숙의 시간'이라고 부른다. 예를 들면 '묵묵히 칠판에 있는 것을 받아쓴다', '묵묵히 교과서에서 키워드를 5개 고른다', '말하지 않고 교과서의 중요한 부분 3개에 선을 긋는다' 등, 수업 중에는 얼마든지 정숙의 시간을 도입할 수 있다. 이렇게 정숙의 시간을 가지면 아이들이 차분함을 회복한다. 교사는 아이들이 흥분하기 전에 미리미리 대처해야 한다.

단, '정숙의 시간'을 도입하는 데는 4가지 주의해야 할 사항이 있다.

✹ 교사도 말하지 않는다

'정숙의 시간'에는 교사들도 말하지 않고 제스처, 비언어로 대응하고, 불필요한 소리를 내지 않는 것이 중요하다. 교사가 교실을 걸어 다니는 소리, 책상을 움직이는 소리, 칠판지우개를 탁 떨어뜨리는 소리 등, 모든 것이 자극되어 정숙을 지키기 어렵다. 교사가 꼭 지시해야 할 때는 소리를 죽여서 말하면 아이들도 '지금은 말하면

정숙의 시간

안 되고, 소리도 낼 수 없다'라고 인식한다.

카드 사용(아래의 그림)도 고려해볼 수 있다.

카드

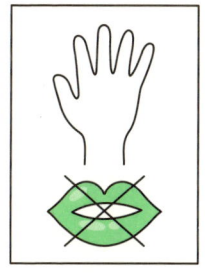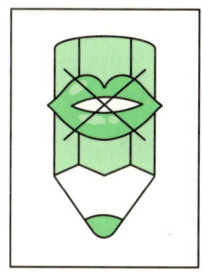

✱ 3분 정도 계속한다

정숙의 시간을 가질 때는 적어도 3분 정도가 필요하다. 시간이 너무 짧으면 흥분이 가라앉지 않기 때문이다. 교사가 "조용히 해!"라고 주의하거나 "쉿!"하고 소리를 내면 잠시 잡담을 멈추지만, 바로 잡담을 다시 시작하는 것은 아직 흥분이 가라앉지 않았기 때문이다.

✱ 마칠 때도 중요하다

정숙의 시간이 끝났을 때 "이제 끝!"이라고 교사가 큰 소리를 내지 말아야 한다. 그 소리가 자극되어 다시 흥분하기 때문이다. 조용히 종료를 알리고 차분한 분위기에서 수업을 시작하자.

✱ 작은 한 걸음

잡담이 많아서 좀처럼 정숙을 유지하기 어려운 학급에서는 너무 많은 것을 기대하기보다는 작은 것부터 시작한다. 우선 '30초 묵묵히 작업한다'→잘했다면 바로 칭찬한다. 다음은 '1분간 묵묵히 작업한다'→잘했다면 바로 칭찬한다. 그런 다음은 2, 3분으로 늘려간다. 즉 작은 한 걸음부터 시작하는 것이다. 그리고 조용히 할 수 있었던 시간을 칠판에 써넣는다. 예를 들면 4/20→30초, 4/21→1분, 4/22→2분 이런 식으로 정숙을 유지하면서 집중할 수 있었던 시간을 칠판 구석에 기록한다. 이렇게 기록하는 것은 칭찬으로 이어지고, 아이들 스스로 성장을 확인할 수 있다. 이를 반복함으로써 정숙의 시간이 습관화된다. 정숙의 시간을 처음으로 설정하는 시점도 중요하다. 처음에는 성공할 수 있는 확률이 높은 시간대를 고르는데 예를 들면 독서 시간대로 설정하면 좋다.

이 4가지를 실천해야 한다. 이것이 정착되면 정숙 시간을 일부러 설정하지 않아도 뭔가 작업 시에는 아이들이 확실히 임하게 된다. 그야말로 정과 동이 합쳐진 활기찬 수업을 할 수 있다.

대처방안 2: 시각적 지원

ASD(자폐 스펙트럼 증후군)는 한순간에 사라져 천천히 확인할 수 없는 말보다는 시각적인 커뮤니케이션 방법을 더 잘 이해한다. 그러므로 청각적인 지시를 보충하기 위해서는 시각적인 표시를 연구해야 한다. 잘 못 알아듣거나 청각이 과민한 아이에게는 시각적인 표시가 학습에 도움이 되기 때문이다.

또한, 청각적 단기기억 능력이 낮거나 부주의한 아이에게도 시각적인 표시가 있으면 아이들 스스로 반복해서 확인해볼 수 있다. 시각적인 표시란, 칠판에 쓰는 것뿐 아니라, 수업 요약본이나 파워포인트, 사진, 카드, 화살표 등이다. Y선생님 학급에서는 정숙 시간이 시작되면 수업의 흐름을 카드로 보여주거나 조각칼 사용 방법을 동영상으로 보여주기도 하고, 붓 빠는 방법을 사진으로 보여주기도 했다.

대처방안 3: 말하는 방법의 연구

Y선생님은 멀리 외딴 고장에서 교사 생활을 시작했다. 첫해 담임을 맡은 학급은 붕괴되었다고 한다. 필자는 Y선생님에게 "그때의 자신과 지금의 자신은 어디가 다른가?"라고 물어보았다. 그러자 초창기에는 목소리 톤이 일정하고, 수업에 활기가 없는 데다가, 말을 너무 많이 하고, 화만 냈으며 학생이 도발하면 감정을 조절하기 어려웠다고 했다.

교사라는 직업은 말하자면 '말하는 장사'다. 물론 듣는 것, 쓰는 것, 읽는 업무도 있지만, 하루에 대부분은 아이들에게 말을 해야 한다. 이를 훈련하는가 아닌가에 따라 성과는 많이 달라진다. 학습장애가 있는 아이 중에는 듣고 보는 데 어려움을 겪는 아이가 많다. 교사의 말을 알아듣기 어렵고, 지시가 명확하지 않거나 말이 너무 빨라서 알아듣기 힘들면 듣는 것이 더 힘들어진다. 다음은 교사가 피해야 할 말하기의 특징이다.

* 불필요한 말이 많다
* 어미가 명확하지 않다
* 억양이 없다

* 말이 모호하다
* 말이 빨라서 알아들으려고 집중하면 피곤해진다

다음과 같이 구체적이고 친절하게 지시하는 것이 중요하다.
'확실히 적자'→'틀에서 벗어나지 않도록 적자'
'달리지 않는다'→'앞 사람에게 부딪치지 않게 천천히 걷는다'
'무리하지 않는다'→'30분에 1번은 5분의 휴식을 취한다'

'앞으로 3분 안에 동그라미를 다 치세요', '키워드 5개를 동그라미 치세요', '28쪽을 5분 안에 소리 내지 않고 읽습니다'라는 식으로 구체적인 숫자를 사용하는 것도 효과적이다. 수업을 잘하는 교사는 두 번 말하거나 불필요한 말로 참견하지 않는다. 말과 말 사이에 간격을 두고 말의 속도에 변화를 주는 등, 말하는 방법이 능숙하다.

말하는 방법 연구

X "제대로 적어라!"
○ "틀에서 벗어나지 않도록 적어라!"

대처방안 4: 토큰 시스템

 Y선생님 반은 아이들 사이에 다툼이 잦은 반이었다. 체육 수업에서도 늘 누가 이겼느냐 졌느냐로 문제가 일어났다. 그래서 토큰 시스템의 일환으로 스탬프 수첩과 구슬을 도입했다. '토큰'이라는 것은 '보상'을 말하는 것으로, 스티커나 스탬프를 일정량 모으면 그 포인트 수에 따라 상품과 교환할 수 있는 제도다. 스탬프 수첩을 도입한 이후, 문제가 3분의 1로 줄었다고 한다. 스탬프 수첩에는 '내가 열심히 했을 때, 나를 칭찬하기 위해 종례 시간에 스탬프를 찍습니다.'라고 적혀있다.

 예를 들면 '숙제를 제출했다(한 번에 스탬프 하나)', '노는 시간에 사이좋게 놀았다', '한자 테스트에 합격했다' 등이 스탬프를 받을 수 있는 기준이다. 기준 중에는 '모두를 위해 착한 일을 해서 선생님에게 칭찬받았다'라는 것도 있었다. 스탬프 수첩을 다 채우면 '더블 급식권'을 받을 수 있다. 이는 인기 있는 반찬이 남으면 우선해서 받을 수 있는 권리다.

동시에 구슬(아래의 그림)도 시작했다. 이 또한 반 전체를 위해 좋은 일을 했을 때 구슬을 받는 시스템이다. 이런 시스템을 도입함으로써 분산되었던 반이 조금씩 모여서 아이들의 교우 관계도 좋아졌다고 한다.

구슬

대처방안 5: 야단치는 기준을 명확히 한다

4월의 규칙은 '다른 사람의 몸과 마음을 다치게 하지 않는다', '시간을 지킨다' 두 개로 좁혔다. 이를 지키지 않을 때는 야단친다는 규칙(기준)을 제시한다. 반대로 이를 지키면 선생님께 칭찬받는다는 것이다. 자폐 스펙트럼 증후군 아이들은 앞으로 무슨 일이 생길지 예측할 수 있어야 하는데 이 학급에서 한 것처럼 무엇이 용납되지 않고, 무엇이 평가받는 일인지를 명확히 해두는 것이 특히 효과적이다. 지켜야 할 규칙이 없으면 질서가 없어져서 학급은 붕괴되기 시작한다. 그러면 제일 먼저 도움이 필요한 아이들의 있을 곳이 사라진다.

나아가 도중에 규칙을 추가하거나 변경하면 아이들은 혼란스러워하고 담임을 신뢰하지 못한다. 예를 들면 '잡담 금지'라면 그 방침을 흔들림 없이 지속하자. 아이에 따라 잡담을 너그러이 허락하거나, 호되게 야단치는 식으로 기준이 흔들리면 아이들 사이에 불공평한 마음이 들어 교사와 신뢰 관계를 쌓기 어렵다. 또한, 잡담하지 않고 아이들이 몇 분 동안 집중할 수 있는지, 자유롭게 의견을 교환할 수 있는지를 파악해두는 것도 유익하다.

대처방안 6: 계속해서 칭찬한다

야단치는 기준을 명확히 한 후에 Y선생님은 작은 변화에도 칭찬을 아끼지 않았다. Y선생님에게 연초에 자리에 앉아 있지 못했던 아이들이 어떻게 가만히 앉아 있게 되었는지를 물어보았다. 아침에 교실에 들어오면 문을 열자마자 "오늘은 10명 앉아 있네." 그리고 다음 날에는 "와우, 오늘은 12명 앉아 있구나." 이런 식으로 매일 계속했더니, 얼마 지나지 않아 전원 앉아 있게 되었다고 한다. 아이의 행동을 작은 한 걸음부터, 어떤 성장이라도 계속해서 칭찬해준 것이다.

어느 날, 필자가 수업을 보러 가니 "4번 줄이 나란히 잘 서 있네.", "앞을 보고 있는 사람이 25명이나!", "조용히 나눠주고 있구나."라는 식으로 칭찬이 넘쳐나는 교실이 되어 있었다. 그뿐만 아니라 Y선생님은 늘 담임인 자신이 '아이들 입장에서 칭찬받고 싶다는 생각이 드는 존재인가?'라는 질문에 자문자답하면서 수업을 진행했다고 한다.

대처방안 7: I believe

Y선생님은 '너(You)'를 주어로 말 걸지 않고 '나(I)'를 주어로 말을 걸려고 노력했다. '너'를 주어로 하면 "(너는) 또 잊어버렸네!", "빨리 (너는) 앉아라!"처럼 아무래도 아이를 책망하는 말투가 되고 만다.

그것을 '나는'을 주어로 하면 "그 말을 들으니 선생님은 슬프네.", "선생님은 속상해."라는 식으로 아이를 책망하는 말투를 피할 수 있다. I believe란 '나는 ~믿어'라는 식으로 나를 주어로 전달하는 방법이다. "선생님은 네가 얼른 앉을 수 있을 거라고 믿어."라고 말하면 아이도 쉽게 받아들인다. 이 7가지 대처방안으로 Y선생님의 반은 학급 붕괴 사태에서 멋지게 탈출할 수 있었다.

5. 무너지기 시작하는 6학년

Y선생님은 곧이어 6학년을 맡게 되었다. 6학년은 세 개의 반으로 재배정되었다. 순조롭게 1학기를 마쳤나 했는데 그렇게 호락호락하지 않은 것이 사춘기를 맞이한 아이들이다. 2학기가 되자 옆 학급에 A군이 전학을 왔다. 첫날부터 소리를 지르고 폭언을 내뱉으면서 옆 교실을 정탐하러 갔다. 우선 옆 학급이 소란스러워지고, 그런 다음 학년 전체가 붕괴되기 시작했다. 원래부터 침착하지 못했던 몇 명 아이들이 A군을 따라 복도를 돌아다니기 시작했다. 그러자 성실했던 여자아이들까지 차분해지지 못하고 담임을 적으로 삼아 반항하기 시작했다.

5학년 때까지 지켜왔던 급식 시간의 규칙이 깨지고, 수업 중에 돌아다니거나 연필을 깎고, 숙제도 잘 내지 않았다. 특히 합동 체육 시간이나, 교실을 이동하며 소수 인원으로 하는 수업에서는 A군을 포함한 몇 명이 모여 문제 행동을 일삼기 시작했다. 다른 아이들에게서 '저 아이만 자기 맘대로 하고 치사하다', '편애잖아'라는 불만의 목소리가 터져 나왔다. 보호자들도 담임에게 아이가 학교에 가고 싶어 하지 않는다고 호소했다. Y선생님도 학년의 다른 선생님들도 점점 궁지에 몰렸고 급기야 Y선생님은 건강까지 안 좋아져서 아침에 일어나는 것조차 힘들어졌다.

6. 각오를 다지다

10월 무렵 필자는 Y선생님을 비롯한 6학년 선생님들을 만나 현재의 어려운 상황에 대해 상담을 해주게 되었다. 이야기를 나누던 중에 6학년 선생님들은 앞으로의 각오를 다졌다. '흥분하지 않도록 자극을 줄인다', '중간층 아이들을 인정하고 칭찬해서 소중히 대한다', '수업 중 흐트러지는 아이들이 하기 쉬운 과제를 늘린다', '감정적으로 동요하거나 도발에 반응하지 말 것'······.

이런 식으로 선생님들은 다시금 각오를 다지고 일어났다. Y선생님은 5학년 때 시도했던 7개의 대처방안을 재검토했다. 우선 초심으로 돌아가 아침부터 "오늘은 10명 앉아 있네."를 다시 시작했다. 그러자 하나둘 자리에 앉기 시작했다. 메모할 수 있는 인쇄물이나, 눈으로 보고 이해하기 쉬운 학습 자료를 많이 준비했다. 그 인쇄물을 왼쪽 페이지에 붙이고 오른쪽 페이지에는 조사해서 정리하는 공책을 만들어 아이들의 이해를 도왔다. 학습에 어려움이 있는 아이들도 시작할 수 있어서 조용히 학습하는 '정숙의 시간'이 점점 늘기 시작했다.

학년 전체에 '졸업할 때까지 어떤 반을 만들고 싶은가?'라는 설문 조사를 해서, 좋은 반을 만들기 위해 계속 의논했다. 그런 와중에 합동 체육이나 교실을 이동해서 소수 인원으로 하는 수업 시간에는 질서가 없어지고, 성실하게 열심히 하는 아이들이 있을 곳이 없다는 사실을 알게 되었다. 자극을 줄이기 위해 이런 식의 수업 대신, 특별과목 선생님이 교실에 들어와서 수업했다. 학급 전체의 질서를 지키는 것을 최우선이기 때문이었다.

나아가 아이들과 교사의 연결고리를 다지기 위해 한 마디 일기와 생일 카드를 도입했다. '한 마디 일기'라는 것은 기뻤던 일이나 그날 있었던 일을 짧게 적은 공책으로, 집에 가기 전에 교사에게 보여주고 귀가한다. 답장을 쓰는 것이 아니라, 그때그때 말로 짧게 대화를 주고받는다. 생일 카드에는 담임이 마음을 담아 메시지나 그림을 그려주었다. 한 사람 한 사람과 소통하기 위해서는 이런 노력이 필요하다.

담임 선생님과의 유대관계를 깊게 하는 동시에 반 아이들끼리의 유대관계를 구축하기 시작했다. 반짝반짝 카드나 특별활동에서의 그룹워크, 카드놀이 등이다. 반짝반짝 카드는 토큰 시스템의 일종으로 학급 전체가 공통의 목표를 달성하도록 하는 방법이다. 매일 학급 전체가 해내야 하는 목표를 한 가지 정해서 달성하면 1포인트 저금할 수 있고, 10포인트가 되면 파티를 하는 것이다. 예를 들면 '점심시간 종료 종소리를 지킨다', '5분 안에 음악실로 이동한다'와 같은 작은 목표다. 모든 쉬는 시간의 종료 소리를 지키는 것은 어려워도 최소한 점심시간만 지키는 것은 어렵지 않다. 이렇게 조금씩 변하는 모습을 보고, 달성 가능한 목표를 설정하자 아이들도 분발하기 시작했다. 그런 다음 목표를 조금씩 높여서 규칙을 정했다.

최종적으로 파티 개최를 목표로 정하자 학급 전체가 합심하게 되어 중간층 아이들이 조금씩 안정을 되찾았다. 이처럼 중간층이 안정되니 천방지축이던 아이들의 문제 행동도 조금씩 수그러들었다. 앉아서 노는 카드놀이를 시작하자 아이들의 웃음소리도 늘었다. 2학기 학예회는 단조로운 연습이 길게 이어지지 않게 줄이고, 비디오를 사용해서 긴장감을 유지하면서 연습했다. 반복 연습이 늘면 아이들은 집중력을 유지하지 못하고 장난을 치거나 수다를 떠는 등 문제 행동이 늘기 때문이다.

그러던 어느 날, 반항적인 한 여학생과 부딪히는 사건이 벌어졌다. 그 여학생은 안하무인이라 그 무렵 중간층 아이들 몇 명이 불만을 품기 시작했는데, 그러던 차에 그 아이가 청소를 안 하자 청소하라고 강하게 재촉했다. 아니나 다를까 그 아이는 교실을 뛰쳐나가 담임 선생님에게 폭언을 내뱉고 울기 시작했다. 더는 추궁하지 않고 짧게 "얼른 들어와!"라고 말하자 교실에 돌아왔다. 잠시 후 교실에 돌아온 그 아이는 처음에는 화가 나 있었지만 Y선생님은 못 본 척하고 즐겁게 수업을 진행했다. 배운 것을 종합해보는 학습 시간이었는데 모두가 수화로 노래를 하자 그 아이도 작은 동작으로 손을 움직이는 것이 아닌가? Y선생님은 바로 그 아이에게만 들리게 "잘하네!"라고 짧게 칭찬해주었다. 그러자 점점 손을 움직이기 시작하고 입을 벌려 소리도 냈다. Y선생님이 미소 지으며 고개를 끄덕이자, 그 아이도 고개를 끄덕였다. 다음날 열심히 청소하고 있던 그 아이와 눈이 마주치자 Y선생님은 미소를 지었다. 또 하나의 산을 넘은 듯한 기분이 들었다.

한마디 일기

졸업식에서 Y선생님의 학급을 비롯한 다른 학급 보호자들도 감동의 눈물을 흘렸고, 아이들은 웃으면서 배움의 둥지를 떠나갔다. 다른 선생님들은 "이렇게 차분한 졸업식은 최근 들어 본 적이 없었어!", "그렇게 엉망이던 6학년이 이렇게 훌륭히 변화하다니!"라며 입을 모아 칭찬했다.

7. 아이들의 질투에 대한 접근방식

특수교육이 시작된 지 10년이 넘어가면서, 교사도 아이들 각자의 인지 특성에 맞는 개별적인 지원이 필요하다는 사실을 이해하기 시작했다. 신경 쓰이게 하는 아이는 교육적인 배려를 바탕으로 너그러이 봐주면서 그 아이의 특성에 맞게 조절할 필요가 있다.

그러나 정원이 40명이나 되는 학급에서 이렇게 하면 '저 아이만 편애한다', '나도 내 맘대로 하고 싶어'라고 생각하거나, 고집을 부리는 아이들이 속출해서 교사가 궁지에 몰리게 된다. 이를 계기로 학급이 붕괴되기 시작하는 사례는 드물지 않다. 담임들이 늘 안고 있는 문제다.

예를 들면 저 아이는 숙제로 내준 한자 인쇄물을 꺼낸 것만으로도 매우 칭찬받았다. 저 아이는 학교에 2교시부터 오는 것만으로 선생님이 매우 고마워했다. 나는 한자 숙제도 냈고, 지각도 안 하고, 구구단의 칠 단도 외울 수 있는데……. 왜 칭찬을 안 해주는 거야?

학교에서 흔히 일어나는 일이다. 아이들은 '왜 쟤만?'이라는 생각에 사로잡혀 담임 선생님을 불신한다. 특히 애착에 대한 문제를 안고 있는(교육자와의 사이에 생겨나는 마음의 고리가 잘 형성되지 않았다) 아이 중에서 갈등을 견디지 못하는 사례를 흔히 볼 수 있다. 아이 대부분은 '저 아이는 좋겠다'라고 생각하면서도 그런 갈등을 견뎌내고 있다. 하지만 애착에 문제가 있는 아이는 갈등을 견디지 못해서 선생님에게 칭찬받은 아이를 가만두지 못하고 때리거나 폭언을 하는 행동을 보인다. '저 아이만 치사하게'라고 말하는 아이야말로 도움이 필요한 아이라는 뜻이다.

아이들도 교사가 신경 쓰이는 아이를 배려하는 것을 받아들일 수 있지만, 이는 어디까지나 아이들이 교사를 얼마나 신뢰하고 존경하는가에 달렸다. 그리고 '편애'가 아닌 '배려'로 받아들이게 하기 위해서는 아이들의 마음 그릇을 크게 만들어야 한다. 그렇지 않으면 배려가 필요한 반 친구를 용납할 수 없다. 아이들의 그릇을 조금이라도 키우려면 아이를 관찰해서 인정하고 칭찬하는 수고로움을 감수해야 한다. 마음 그릇이 작으면 도움이 필요한 아이의 어려움을 반 아이들에게 호소해도 소용이 없다. 그 그릇을 크게 하지 않는 한, 담을 수 없기 때문이다.

고학년은 천편일률적으로 학급을 운영할 수 없고 아주 사소한 일로도 바로 붕괴된다. 하드한 측면만으로는 무너져가는 반을 회복하지 못한다. 소프트한 측면, 즉 인적 환경이 필요하다.

교사의 행동거지, 칭찬 방법과 야단치는 방법, 말 거는 방식 그리고 주변 친구들을 포함한 반 전체가 중요하다. Y선생님의 학급도 대부분을 차지하는 중간층을 인정하고 칭찬해서 자기편으로 만들었고, 교사 자신이 이성을 잃거나 도전에 응하지 않고 수업을 진행한 것이 혼란을 극복하고 다시 일어선 계기가 되었다.

Y선생님에게 있어서 소프트한 면, 인적 환경의 중요함을 실감하게 한 소중한 한 해였다.

제4장

다정한 학급을 만든다

아이들이 '있을 곳'을 만들어야 한다.
인적 환경의 유니버설 디자인의 구체적인 사례와 해결책

아카사카 신지 Akasaka Shinji

1. 교육의 유니버설 디자인과 수업의 유니버설 디자인

우리 사회는 앞으로도 크게 변화할 것이다. 아이들이 격동하는 미래를 짊어지면서 동시에 스스로 행복을 만들어갈 힘을 기를 수 있도록 학교 교육에 대한 기대는 점점 더 커지고 있다. 지금까지의 학교 교육은 '무엇을 배우는가?'를 중시해왔다. 말하자면 교과서 내용만 충실히 가르치면 학교는 제 역할을 다할 수 있었다. 하지만 앞으로의 학교에서는 아이들에게 자신감을 길러주는 것이 중요하다. 따라서 '어떻게 배우는가?'라는 배움의 방식이 더 중요한 시대가 되었다.

한 사람 한 사람의 배움의 질이 중요시되는 지금, 이상적인 교육의 형태로 유니버설 디자인이 주목받고 있다. '유니버설 디자인'이란 문화, 언어, 국적, 연령, 성별 등의 차이나 장애의 유무,

능력 등의 차이 등을 가리지 않고 아우르는 것을 목표로 건축, 설비, 제품, 정보 등을 설계하는 것이다.

교육의 유니버설 디자인은 더 많은 아이가 더 쉽게 이해하고 배울 수 있도록 배려해서 교육을 디자인하는 것이다. 유니버설 디자인을 적용한 교육의 일환으로 주목받는 것이 수업의 유니버설 디자인이다.

학교 교육에 유니버설 디자인을 도입한다는 것은 '발달장애가 있는 아이뿐 아니라, 모든 아이가 쉽게 참여할 수 있는 학교, 이해할 수 있는 수업을 한다는 것'이다. 유니버설 디자인을 적용한 수업 모델을 제시함에 따라 장애가 있는 아이들뿐만 아니라, 모든 아이가 쉽게 참여하고 이해할 수 있는 수업을 실현하는 것을 목표로 한다.

이러한 모델이 존재한다면 우수한 수업 방식을 많이 실천할 수 있지 않을까? 반면 다음과 같은 지적도 있다.

"적절한 시기에서 페어 학습을 하고 있는데도 페어 학습이 제대로 이루어지지 않는 경우가 종종 눈에 띕니다. 서로가 일방적으로 말을 하면서 상대방의 생각을 들으려고 하지 않는 페어. 잘 하는 것처럼 보이지만, 서로에게 공격적이고 점차 험악한 분위기로 바뀐 페어……."

이렇듯 모든 아이가 쉽게 참여하고 이해할 수 있는 수업을 목표로 유니버설 디자인한 수업을 실천해도 실제로는 제대로 기능하지 않는다는 보고가 있다. 페어 학습은 다음 페이지의 그림에 나오는 수업에서의 장애를 극복하기 위한 14개의 관점 중 하나로, '공유화'에서 많이 사용되는 방법이다. '공유화'란 아이가 페어나 그룹으로 생각을 서로 전달하거나, 가르쳐주는 것이다. 다른 아이의 생각을 바탕으로 자기 생각을 발전시키거나, 자신의 의견을 말로 표현함으로써 깊이 이해하고 조언을 얻을 수 있어서 아이들 전원이 수업을 이해하게 만들려면 꼭 필요하다.

왜 이처럼 더 많은 아이가 이해할 수 있는 수업 방식을 연구해도 학습이 어려운 상황이 발생하는 것일까?

수업의 유니버설 디자인 모델

수업에서 장애물을 만드는 발달장애 학생의 특징

- 추상화가 약함
- 일반화가 성립하지 않음

- 잘 기억하지 못함
- 잘 정착되지 않음

- 인지의 편중(시각, 청각)
- 복수작업을 잘 못함
- 애매한 것에 약함
- 이미지화를 잘 못함
- 학습 방법의 차이
- 더딘 이해

- 상황을 잘 이해하지 못함
- 예측하지 못하는 불안함
- 관심의 편중
- 부주의, 다른 행동
- 2차 장애

피라미드 (위에서 아래로):
- 활용 (사용한다)
- 습득 (익힌다)
- 이해 (안다)
- 참여 (활동한다)

수업에서 장애를 제거하려는 연구

- 기능화
  일상생활에서의 실용적 발전적 과제
- 적용화
  응용/범용

- 나선화
  학년이나 단원 사이, 교과서 간의 중복

- 공유화
- 신체성의 활용
- 시각화
- 전개의 구조화
- 작은 한 걸음화
- 초점화

- 시간의 구조화
- 장소의 구조화
- 자극량의 조정
- 규칙의 명확화
- 학급 내 이해 촉진

교육 방법 연구 (활용, 습득)
지도 방법 연구 (이해, 참여)

4장. 다정한 학급을 만든다

2. 교육의 유니버설 디자인을 이루는 조건

'수업의 유니버설 디자인을 어디서부터 시작할 것인가?'라는 질문에 대해 학교마다 다르지만, 발달장애가 있는 학생들의 특성상 다음과 같은 항목이 필요하다. 바로 '장소의 구조화', '자극량의 조정', '규칙의 명확화', '아이들끼리의 상호이해'다. 즉 발달장애가 있는 아이들이 수업에 참여하게 하려면 그런 조건들을 갖추는 방향으로 학급 환경을 정비할 필요가 있다.

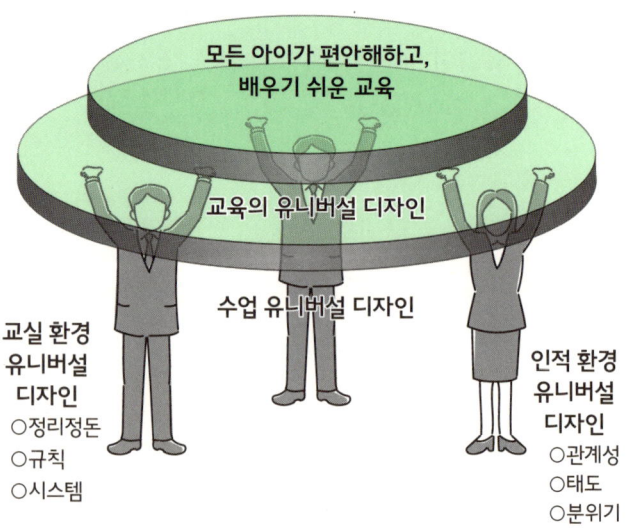

또한, 교육의 유니버설 디자인에는 '수업의 유니버설 디자인', '교실 환경의 유니버설 디자인' 그리고 '인적 환경의 유니버설 디자인'이라는 세 가지 기둥이 있다. '수업의 유니버설 디자인'이란 반 아이들 전체가 이해하기 쉬운 수업을 목표로 하는 것이며, '교실 환경의 유니버설 디자인'이란 집중할 수 있는 교실 환경을 연구하는 것, 그리고 '인적 환경의 유니버설 디자인'이란 아이들끼리 서로 도와주고, 배우는 교실 환경을 정립하는 것이다. 앞 페이지의 그림은 교육의 유니버설 디자인을 표현한 것이다. 모든 아이가 배우기 쉬운 교육을 '교육의 유니버설 디자인'이라고 부른다면 세 개의 기둥은 그것을 삼각대처럼 지탱하고 있다. 그중 하나라도 없으면 교육의 유니버설 디자인이 성립할까? 앞서 지적한 페어 학습이 이루어지지 않는 상황은 아이들이 서로 도와주거나 서로에게 배우는 관계가 성립되어 있지 않기 때문에 일어나는 것이다. 이와 같은 상태에서는 공유화의 목적을 달성할 수 없다.

여러분이 교실에 앉아 있는 학생이라고 상상해보면 이러한 상황을 이해하기 쉬울 것이다. 수업 시간에 교사가 질문을 던지면 여러분은 자기 생각을 적을 것이다. 하지만 교사가 "자, 옆 사람에게 자기 생각을 설명해보자."라고 말했을 때, 상대방과의 관계가 좋지 않거나, 상대방이 의욕이 없는 태도를 보이면 어떻게 될까? 그 수업에서 뭔가를 배우기는 어려울 것이다. 말하기 힘들 뿐 아니라, 상대방이 하고 싶어 하지 않으면 당신의 의욕 또한 사라지고 말 테니 말이다. 우리의 행동은 우리가 지닌 능력에 규

정될 뿐만 아니라 주변 사람들과의 관계성이나 주변 사람의 태도, 그 자리의 분위기에도 영향을 받는 법이다. 그러므로 인적 환경의 유니버설 디자인이란 그런 조건을 갖추는 것이다.

그렇다면 어떤 인적 환경이 학습을 용이하게 해줄까?

3. 인적 환경의 유니버설 디자인 이미지

인적 환경의 유니버설 디자인이란 어떤 것일까?

'다른 사람의 잘못을 놀리거나 실패를 비웃지 않고, 누구나 솔직하게 모른다고 말할 수 있는 장소 혹은 교실은 실수해도 되는 곳이며 모두 달라도 괜찮다는 생각을 공유하는 것'이라고 표현할 수 있다.

유니버설 디자인이 적용된 수업의 14가지 관점 중에서 가장 먼저 추구할 것은 '학급 내 이해 촉진'으로, 수업에 참여하게 하려면 '모른다'라고 말할 수 있는 분위기와 다르거나 실패해도 괜찮다는 분위기를 만들어야 한다.

여기서 주의해야 할 점은 이것이 단지 남의 실수를 비웃지 않는다든지, 모를 때는 도움을 요청한다는 규칙 혹은 소셜 스킬을 길러주어야 한다는 의미가 아니라는 것이다. 물론 규칙이나 소셜 스킬이 있어야 그런 행동을 할 수 있지만, 그것만으로 조성한 환경은 무너지기 쉽다.

교사가 없거나 잠깐 한눈팔 때는 규칙이 지켜지지 않기 때문이다. 분위기는 아이들에게 막대한 영향력을 미치지만, 한순간에 망가져 버리는 약하고 허무한 것이기도 하다. 교실에 30명이 있다고 한다면 29명이 남의 실패를 책망하거나 비웃지 않아도 단 한 사람이 그렇게 하는 순간 눈 깜짝할 사이에 그 분위기를 망칠 수 있다. 이는 규칙이나 스킬의 문제가 아니라 학급이나, 행동거지, 조금 과장해서 표현하면 삶의 방식을 익히는 것이다.

또한, 남의 실수를 비웃지 않는다든지, 모를 때는 도움을 요청할 수 있는 등의 단편적인 스킬 지도도 위험하다. 아이들의 적응력을 높이려고 다양한 소셜 스킬을 가르치는 학급이 있지만, 딱히 큰 의미가 있어 보이지는 않는다. 인적 환경의 유니버설 디자인을 하려면 그러한 단편적인 기술이 아니라, 포괄적인 사고방식이 필요하지 않을까?

유니버설 디자인이 적용된 수업을 '좀 더 알기 쉬운 수업'이라고 해석한다면 유니버설 디자인이 적용된 학급 환경은 '좀 더 편안하고 좋은 학급'을 의미할 것이다. 편안한 학급은 필연적으로 인적 환경의 유니버설 디자인을 촉구하게 되는데 여기서 관건은 학급에 아이들이 있을 곳이 있느냐다. 교육, 특히 학급을 운영할 때 교사들은 '있을 곳'이라는 말을 자주 쓰는데, 다들 간과하는 점이 있다.

아이가 '있을 곳'은 주관적인 있을 곳과 객관적인 있을 곳으로 나뉜다. 주관적인 있을 곳은 아이 자신이 그렇게 느껴야 하는 내적인 문제이므로 여기서는 객관적인 조건에만 주목하고자 한다. 아이의 있을 곳이 되려면 아이에게 공감적, 동정적인 이해나 태도를 보이는 타인과의 관계가 뒷받침되어야 한다. 그러므로 아이의 '있을 곳'과 타인과의 관계성은 떼려야 뗄 수 없는 것이다.

'있을 곳'의 객관적인 조건에는 관계성과 공간성의 두 가지 조건이 있다. 공간성은 교실 환경의 유니버설 디자인과 연관이 있고, 관계성은 아이의 있을 곳인, 교실 내 인적 환경의 유니버설 디자인과 연관이 있다.

인적 환경의 유니버설 디자인을 실현하는 것은 결코 규칙이나 스킬을 지도하는 데만 그치는 것이 아니다. '사람은 저마다 사고방식이 다르다', '사람은 누구나 틀릴 수 있다', '여러 사람이 함께 생활하다 보면 문제가 당연히 생긴다', '인생은 과제의 연속이며 이를 해결해가는 것이 인생 그 자체' 등의 말처럼 인간관계는 인간을 제대로 이해하는 교육이 이루어져야 비로소 기를 수 있는 것 아닐까? 지금의 교실을 바라보고 있으면 학습 내용을 이해시키는 데만 열을 올리지, 인간 이해에 바탕을 둔 관계성을 길러주기는 역부족인 것 같다.

교사가 그와 같은 인식을 바탕으로 지도해야 아이들은 실패와 성공을 반복하면서 사람을 이해하고, 자신과 타인이 있을 곳을 만드는 의미와 방법을 배울 수 있다. 그 결과 인적 환경의 유니버설 디자인이 실현되는 것이 아닐까?

그렇다면 여기서부터는 구체적인 사례를 통해 생각해보자.

4. 구체적으로 배우는 인적 환경의 유니버설 디자인

① 입학 후의 불안정한 분위기에 혼란을 보인 학급

✱ 학급의 실태와 아이의 상태

1학년 1학기였다. 34명인 학급에서 수업 중에 걸어 다니는 아이가 늘 6~8명 정도, 수업이 시작되어도 3명밖에 교실에 없을 때도 있었다. 게다가 그 반에는 A(여학생)가 있었다. 유치원 때부터 '특히 신경 쓰이는 아이'로 인계받은 아이다. 평소에는 노래를 좋아하는 명랑하고 남을 잘 돌보는 아이지만, 기분이 언짢으면 돌아다니거나 물건을 집어 던지는 등, 난폭한 면이 있었다.

어느 날, 조회 때부터 A는 계속 그림을 그리고 있었다. 얼마 동안 지켜보았지만, 그만둘 것 같지 않았다. 조회가 끝나도 아직 그림을 그리고 있어서 담임 선생님이 "산수를 시작하자."라고 말했다. 하지만 A는 들은 척도 안 하고 계속 그림만 그렸다. 이에 담임 선생님은 조금 엄격한 말투로 "그림은 그만 그리자!"라고 했다. 그러자 그림은 그만두었지만, 가지고 있던 연필 등을 담임 선생님에게 마구 던지고 비명을 지르며 교실을 뛰쳐나가 학교 밖으로 향했다. 담임 선생님은 당황하였으나, 가까스로 A를 붙잡아 교실에 데리고 돌아왔다.

그 후로도 A는 주의를 당하면 교실을 뛰쳐나가곤 했다. A의 상태가 나빠지자, 학급 전체가 불안해져서 학교에 가기 싫다고 말하는 아이도 생겨나기 시작했다.

✱ 인적 환경의 유니버설 디자인 관점에서의 진단

이 학급은 A뿐만 아니라, 학기가 시작된 지 얼마 안 되어 바로 등교하기를 꺼리는 아이가 생기고, 남자아이들을 중심으로 수업 시간에 돌아다니는 등 불안정한 분위기에서 시작했다. 담임 선생님은 처음이 중요하다고 생각해서 A뿐만 아니라, 돌아다니는 아이들에게 주의하라고 경고하거나 야단쳤다. 학교에 가기 싫다고 뛰쳐나간 아이들은 분명 담임의 지도방식이나 학급의 불안정한 상태 때문에 불안해져서 그랬을 것이다. A는 당시 가정환경이 불안정한 상황이어서 학교에서나마 편안하게 지내고 싶었는지도 모른다. 집에서 야단맞고, 학교에서도 야단맞으면 뛰쳐나가고 싶은 마음이 드는 것도 당연하다.

인적 환경의 유니버설 디자인을 하려면 아이들끼리의 관계뿐만 아니라, 교사의 지도 행동, 즉 리더십도 유니버설 디자인해야 한다. 담임 선생님은 1학년이라서 예절이나 규칙을 우선 가르치려고 했다. 하지만 신뢰 관계 없이는 아이들을 지도하기 어렵고, 정신적 교류 없이는 신뢰도 어렵다는 교사로서 가장 중요한 부분을 망각했던 것 같다. 인적 환경의 유니버설 디자인에서 교사에게 가장 중요한 것은 신뢰에 바탕을 둔 지도를 하는 것이다.

✱ 학급 형성의 포인트

선생님은 우선 A를 야단치지 않기로 했다. 야단치지 않는다는 방침은 다른 아이에게도 마찬가지로 적용했다. 실제로 A가 그림을 그리면 두세 번은 말을 걸지만, 그래도 움직이지 않으면 그냥 내버려 두었다. 하지 않은 과제는 다른 시간에 하게 했다. 만약 교사의 말대로 따르면 "알아주어서 고마워."라고 감사의 말을 전하거나 웃는 얼굴을 보였다.

수업 중에 돌아다니는 아이들에게 주목하지 않고, 제대로 공부하고 있는 아이들에게 관심을 보여주며 학업을 이어나갔다. 수업 시작 시각에 늦는 아이에게는 "'죄송합니다'라고 한마디 하고 자리에 앉자."라고만 했다. 수업 중에 수다 떠는 아이들은 수업 후에 불러서 "선생님은 지금 시간 정말 수업하기 힘들었는데, 뭐 좋은 방법이 없을까? 너희들도 공부에 방해가 되면 곤란하잖아?"라고 아이들이 해결책을 생각하게 했다.

5월에 접어들 무렵에는 수업 시작 시각에 늦는 아이는 없어지고, 돌아다니는 아이도 거의 없었다. A가 바로 다른 아이들과 똑같이 행동한 것은 아니지만, 담임 선생님이 말을 걸면 비교적 순순히 받아들였다. 등교하기를 꺼리는 아이는 조금 시간이 걸렸지만, 2학기가 시작하면서 지각이나 조퇴를 하지 않게 되었다.

선생님이 시행한 방식에는 공통된 원칙이 있다. 부적절한 행동에 주목하지 않고 적절한 행동에 주목한다는 것이다. 지각이나 잡담, 돌아다니는 것에 주목하지 않고, 시간을 지키는 아이, 학습에 임하는 아이에게 감사와 기쁨을 전달했다. "선생님 정말 수업하기 편했어. 고마워.", "○○가 열심히 얘기를 들어주어 기뻤어."라는 식이다. 문제 행동을 하는 아이도 늘 그런 것이 아니라 일시적인 행동이며, 모든 아이는 장단점을 가지고 있다. 그렇기에 더욱더 장점에 주목하는 지도방식이 중요한 것이다.

적절한 행동에 주목한다

② 남을 상처 주는 언행이 자주 나타나는 학급

✳ 학급의 실태와 아이의 상태

3학년 38명이 정원인 학급을 맡았다. 상급반으로 올라갈 때 반 바꾸기가 있었지만, 수업 중에 돌아다니거나 잡담을 하지 않고 안정된 모습을 보였다. 아이들은 하나같이 사랑스러워 담임 선생님은 '올해의 반은 천사 같은 아이들'이라고 생각했다.

하지만 5일 정도 지나자 한 여자아이 C가 "선생님, 매일 D에게 죽으라는 말을 들어요."라고 호소했다. 또한, 거의 비슷한 시기에 작년에 전학 온 여학생 E의 신발을 누군가가 감춰둔 사건이 일어났다. 보호자들에게서도 "우리 아이(F)가 왕따를 당하고 있는 것 같아요."라는 청원이 들어왔다. 친구들이 험담한다는 것이었다.

4월 말에 접어들면서 폭력은 없었지만 '죽어라!'나 '꺼져!"라는 소리를 들었다는 식의 폭언과 관련된 문제가 빈번히 발생했다. 그 때문일까? 수업 시간에 특정 아이만 발표했고, 반 아이들 사이에 상하 관계가 형성되어 있는 듯했다.

✻ 인적 환경의 유니버설 디자인 관점에서의 진단

이 학년은 저학년 때 3개의 학급이었지만, 3학년으로 올라가면서 2개로 줄었다. 즉 한 학급의 정원이 25명 정도에서 40명 가까이 늘어난 셈이다. 저학년 때 세 개의 학급 중 하나는 이른바 '학급 붕괴' 상태였다. 그 반의 담임이 바뀌자 반이 안정을 찾고 학교에서도 평판이 좋은 학년이 되었다.

그렇다면 왜 상급반이 되면서 갑자기 그들은 다시 엉망이 되었을까?

우선 생각할 수 있는 것은 학급 크기가 바뀐 것을 들 수 있다. 교실의 넓이는 그대로이므로 아이들 입장에서 보면 갑자기 좁아진 셈이다. 그것만으로도 스트레스가 늘어날 것이다.

다만 원인이 그것만은 아닌 것 같다. 난폭한 말 때문에 문제가 빈번히 발생하므로 문제는 언어사용에 있는 것처럼 보인다. 하지만 그것은 표면적인 문제이고 아이들의 신뢰 관계가 깨진 것이 가장 큰 요인이라고 생각한다. 갑자기 말 씀씀이가 나빠졌다고는 보기 어렵다. 그들은 원래 학급에서 적응하고 있었다. 즉 있을 곳을 확보하고 있었기 때문에 난폭한 말을 쓸 필요가 없었을 것이다.

그러나 반 편성이 바뀌면서 자신이 있을 곳이 불안정해지자 익숙한 의사소통 양식에 의존했던 것이 아닐까? 소위 '착한 아이들'의 행동이 흐트러지는 경우가 있는데 이 경우는 애초에 아이가 주체적으로 적절한 행동을 한 것이 아니라 담임이 하는 말을 들어주고 있었을 뿐이다. 언어사용에 대한 지도에 그치지 말고 기본적인 신뢰 관계를 쌓아야겠다.

✽ 학급 형성의 포인트

C와 D 사이의 갈등, 혹은 E의 신발 감추기, F에 대한 침해 행위에 대한 개별적인 지도도 필요하지만, 인적 환경의 유니버설 디자인이라는 관점에서 학급 전체에 대한 지도에 중점을 두어야 한다. 개별적인 문제는 독립적으로 일어난 것이 아니라, 모두 연결되어 있기 때문이다. 황폐한 토양에 작물이 자라지 않듯이 학급 전체의 인적 환경이 형성되어 있지 않으면 같은 일이 대상을 바꾸어 계속 일어날 것이다.

이에 따라 교사가 교실에서 많이 들었으면 하는 말, 교실에서 없앴으면 하는 말에 대한 지도에 착수했다. 도덕 시간에 '남에게 들어서 상처받는 말, 자신이 형편없다고 생각하게 만드는 말, 의욕을 잃게 하는 말'을 한 사람 한 사람에게 말하게 했다. 그리고 그런 말이 교실에 퍼지고 있는지 생각해 보라고 했다. 그런 다음

'남에게 들으면 기쁜 말, 스스로 자신감이 들게 하는 말, 의욕이 솟아나는 말'을 들게 한 후, 마찬가지로 그것이 교실에서 그런 말이 늘고 있는지 생각하게 했다. 아이들은 후자를 늘리고 싶다고 했다. 전자를 '따끔따끔 말', 후자를 '따끈따끈 말'이라고 하고 따끈따끈 말을 늘리자고 호소했다.

이 수업이 효과가 있었는지 일시적으로 모욕적인 말이 사라졌다. 하지만 이는 첫 번째 관문에 지나지 않았다. 남에게 상처 주는 말은 용납하지 않겠다는 교사의 의사 표명과도 같은 것이다. 계속해서 지도하지 않으면 다시 원 상태로 돌아온다. 구체적으로는 아이들의 발언이나 일기 등에서 따끈따끈한 말로 보이는 것을 찾아 계속 칭찬해주었다. 다음 페이지의 그림처럼 인상적인 말을 종이에 써서 보여주는 것도 효과적이다. 교사가 계속해서 거기에 관심을 가지고 주목하고 '이런 말이 늘면 기분이 좋지'라고 높이 사주는 것이 중요하다.

언어 지도는 상처에 반창고를 붙이는 것(응급처치)과 같다. 그 다음은 아이들끼리의 신뢰 관계를 기르는 지도, 즉 체질 개선이 따라줘야 한다. 기본적인 신뢰 관계를 쌓는 방법은 다양하지만, 가장 기본적인 것은 인간관계에서 상하 관계를 형성하지 못하게 하는 것이다.

인간관계에서 위아래를 형성하기 쉬운 것은 무엇일까? 어른들은 직위나 입장을 고려해야 하므로 더 복잡하지만, 일상생활을 생각해 보면 이해하기 쉽다. 그것은 발언의 양이다. 발언을 많이 하는 사람이 우위에 서게 되고, 반대로 적은 사람은 입장이

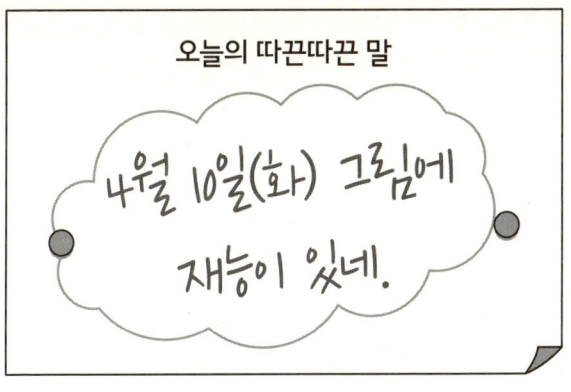

오늘의 따끈따끈 말

4월 10일(화) 그림에 재능이 있네.

약해지지 않는가? 아이들도 이와 마찬가지여서 말을 많이 하는 아이는 목소리가 커지고, 더 주목받고 우위의 고지를 점령한다.

그러므로 수업에서 가능한 한 손을 들어 말하도록 하지 않고, 옆 사람과 페어 혹은 그룹으로 말하도록 한다. 그때 발언의 양을 맞추기 위해 페어로 말할 때는 '교대로 말하기', 그룹일 때는 '돌아가며 말하기'의 규칙을 만든다. 할 말이 없을 때는 '패스'해도 된다. 그렇게 하지 않으면 말을 잘 못하는 아이는 말하는 것 자체가 고통스러울 수 있기 때문이다. 중요한 것은 발언하고 안 하고를 떠나 발언의 기회를 얻는 것이다.

남에게 상처를 주는 말이 줄어들자, 페어 학습이나 그룹 학습이 제대로 기능해서 발언량이 늘고, 발언자가 치우치는 일이 줄어 분위기가 밝아졌다. 이러한 응급처치와 체질 개선을 통해 반 아이들 사이의 인간관계에서 대등함을 기르고 신뢰 관계의 기초를 구축할 수 있었다.

발언량을 고르게 한다

③ 험악한 관계의 아이들이 있는 학급

✽ 학급 실태와 아이의 상태

6학년 총 28명이 있는 학급이었다. 질서가 없지는 않았지만, 개성이 강한 아이들이 모여 있었다. G(여학생)는 H(남학생)를 별로 좋아하지 않았다. H도 인간관계가 원만한 편이 아니고 자신도 모르게 남들이 싫어하는 일을 하곤 했다. G는 걸핏하면 감정적으로 되어서 특히 H에게 냉랭하게 대하거나 손톱으로 할퀴기도 했다. 학급 전체로 볼 때는 비교적 사이가 좋은 것처럼 보이지만 G와 H의 그러한 관계가 반 분위기를 나쁘게 만드는 경우가 있었다.

❋ 인적 환경의 유니버설 디자인 관점에서의 진단

H는 학교 안에서 모르는 사람이 없을 정도로 문제 행동이 눈에 띄는 아이였다. 5학년 전반까지는 친구와 잘 싸우고, 이성을 잃어 난폭해지기도 했다. 비교적 차분해 보일 때도 여자아이들에게 못되게 굴어서 모두가 '싫어하는 아이'였다. 그런데도 조금씩 자신을 변화시키려고 노력해서 반 친구들도 조금씩 마음의 문을 열어주었다.

하지만 G와는 도저히 마음이 맞지 않아, 어느새 그녀가 싫어하는 말을 하는 일이 반복되었다. G도 가족이나 친구, 그리고 자기 일로 나름대로 고민하고 있는데, 학급 전체가 H를 받아주기 시작하자 더 얄밉게 생각하는 것 같았다. G도 H도 서로서로 있을 곳을 빼앗고 있었다. 주변 아이들도 이 두 사람의 관계를 걱정하면서도 어떻게 하면 좋을지 몰랐다.

❋ 학급 형성의 포인트

이 반에서는 반 전체의 문제를 토론하거나 개인적인 문제를 상담하는 '학급 회의'라는 대화의 장을 열었다. 이날도 G는 H가 괴롭혔다고 담임 선생님에게 호소했다. 담임은 "그것에 대해 반 친구 모두에게 의논해보지 않을래?"라고 학급 회의의 의제로 제안하라고 조언했다. 그러자 G는 조금 생각한 후에 의제 제안지에 적기 시작했다. 의제에는 실명을 쓰지 않아도 되기 때문에 그냥 '어떤 사람에게 지속적으로 괴롭힘을 당해 곤란하다'라고 쓰여 있었다. 하지만 매일같이 두 사람은 문제를 일으키기 때문에 누구든지 상대가 H라는 사실을 알고 있었고, H 역시 자신을 말하는 것임을 알고 있었다. 그런데 학급 회의에서는 의외로 단순한 해결 방법이 거론되었다.

누군가를 책망하거나 비난하는 회의가 아니므로 속으로는 어땠을지 모르지만, H는 평소와 같은 태도로 대화에 임했다.

대화가 시작되자 아이들은 G의 마음을 받아들이면서 말했다.

I: "G는 그렇게 당했을 때 어떻게 했나요?"

G: "조금 반격했어요."

J: "화가 나는 것은 이해하지만 그렇게 하면 문제가 더 심각해지지 않나요?"

아이들은 G도 상당히 반격하고 있다는 것을 알기 때문에 일부러 냉정하게 질문했다. G를 옹호하는 의견이 이어졌지만, 판도가 살짝 바뀐 것은 다음 의견이 나왔을 때다.

K: "본인을 괴롭히고 있는 사람은 외롭거나, 사이좋게 지내고 싶어서 그런 걸 수 있으니 대화를 한번 해보면 어떨까요?"

이런 의견이 나오자 G는 허공을 바라보았다. 그리고 다른 아이가 또 질문했다.

L: "G는 H하고 이야기해보았나요?"

그러자 G는 천천히 고개를 가로저으며 "한번, 얘기해볼게요."라고 말했다. 상담하는 사람이 해결책을 찾으면 고민 상담 회의는 종료된다.

이후 두 사람은 어떻게 되었을까?

며칠 후 G는 H에게 말을 걸었다. H도 대화를 듣고 있었으므로 G가 말 걸어 올 것이라는 사실을 알고 있었다. 그때 두 사람

사이에 어떤 대화가 이루어졌는지는 담임도 아이들도 알 수 없다. 다만 그로부터 며칠 지나 작은 사건이 일어났다.

어느 날 방과 후, G의 어머니에게서 "딸이 집에 들어오지 않아요."라는 전화 연락이 있었다. '혹시 수상한 사람이 G를?' 순간 교무실이 술렁거렸지만 바로 어머니에게서 다시 전화가 걸려왔다. "선생님, 있었어요! 집 앞에 있었어요. H와 이야기하고 있었어요."라는 것이었다. 학급 회의 후, 몇 번 이야기를 나눠보니 실은 서로 같은 애니메이션을 좋아한다는 사실을 알게 되어, 의기투합했고 그날은 함께 귀가하면서 시간 가는 줄 모르고 이야기하고 있었던 모양이다.

인생은 문제의 연속이며 아이들도 당연히 이런저런 일로 고민하기 마련이다. 그래서 모두 같이 고민 상담이나 문제를 해결하는 시간이 필요하다는 생각에 담임 선생님은 학급 회의를 시행했던 것이다. 이렇게 하면 문제가 발생해도 의논할 수 있는 친구가 있어서 아이들이 안심할 수 있다.

교육의 유니버설 디자인이라고 하면 '디자인'이라는 이름 때문인지 기술적인 측면으로 받아들이는 경우가 있다. 그러나 '무엇을 위한 기술인가?' 하는 목적을 잊어버린다면 의미를 상실한다는 사실을 명심하기를 바란다. 특히 인적 환경의 유니버설 디자인을 학급 운영의 기술로 치부하면 쉽게 관리하는 방법으로 전락하고 만다. 인간 이해에 기초하여 아이들 개개인의 인격 존중과 배우기 좋은 환경 조성을 위한 아이디어라는 사실을 잊어서는 안 되겠다.

'이 아이가 더 이해하기 쉬운 수업은?', '저 아이가 더 지내기 편한 교실은?' 이와 같은 질문을 계속 던져야 유니버설 디자인이 적용된 교육의 참모습이 보이지 않을까?

집필진 소개

아베 도시히코 阿部利彦

세이사대학 대학원 교육실천연구과 교수.

와세다 대학 인간과학부 졸업, 도쿄 국제대학 대학원 사회학연구과 수료. 교육상담, 학교 컨설테이션 전문가. 도쿄 장애인 직업센터 생활 지원 파트너, 도쿄 아다치구 교육연구소 교육상담원, 사이타마현 도코로자와 시 교육위원회 건강하고 빛나는 지원실 지원 위원 등을 거쳐 현직에 이르고 있다. 세이사 대학부속 발달지원 임상센터장, 일본수업UD학회 이사, 일본수업UD학회 쇼난지부 고문 등을 맡고 있다.

아카사카 신지 赤坂真二

조에쓰교육대학 교직 대학원 교수.

니가타 대학 교육학과 졸업, 조에쓰대학 대학원 석사과정 수료. 19년간 초등학교 근무 당시 아들러 심리학 접근방식의 학급경영을 실천, 아이들의 의욕과 자신감을 높여 주는 학급경영에 관한 실증적인 연구를 추진했다. 2008년도부터 바로 실천할 수 있는 젊은 교사의 육성, 주로 초등학교 교사의 재교육에 몸담아 오면서 강연 및 집필 활동을 활발히 하고 있다.

가와카미 야스노리 川上康則

도쿄 도립 야구치특별지원학교 주임 교사.

릿쿄대학 졸업, 쓰쿠바대학 대학원 수료. 공인 심리사, 임상발달심리사, 특별지원교육사 수퍼바이저, NHK〈스트레치맨 골드〉 방송 위원. 장애 학생들의 지도에 오랫동안 종사해 온 한편, 보육원, 유치원, 초중고등학교에서 강연 활동, 염려되는 아이들에 대한 상담도 맡고 있다.

마쓰히사 마나미 松久眞実

모모야마 학원 교육대학 교육학부 교수.

오사카교육대학 대학원 수료, 교육학 석사. 공인 심리사, 특별지원교사 슈퍼바이저, 학교심리사, 임상발달심리사. 사카이 시립 특별지원학교에서 교사 생활을 시작으로 시내 초등학교에서 담임으로 근무하였다. 사카이시 교육위원회 지도위원, 풀 학원대학 교육학부 부교수 등을 역임했다.

다정한 교실을 만드는 유니버설 디자인
초등교사를 위한 조화로운 학급경영 가이드

발행일 | 2023년 9월 8일
발행처 | 한국교육정보연구원
발행인 | 현호영
지은이 | 아베 도시히코, 아카사카 신지, 가와카미 야스노리, 마쓰히사 마나미
옮긴이 | 황혜숙
편 집 | 이도경
디자인 | 장은영
주 소 | 서울특별시 마포구 백범로 35, 서강대학교 곤자가홀 1층
팩 스 | 070.8224.4322

ISBN   979-11-92143-76-7 (93370)

한국교육정보연구원은 유엑스리뷰 출판그룹의 교육 전문 단행본을 기획하고 연구합니다.

JINTEKI KANKYO NO UNIVERSAL DESIGN
Copyright © 2019 Toshihiko Abe, Shinji Akasaka, Yasunori Kawakami, Manami Matsuhisa

Korean translation rights arranged with Toyokan Publishing Co Ltd
through Japan UNI Agency, Inc., Tokyo and ERIC YANG AGENCY, Seoul

*이 책의 한국어판 저작권은 에릭양에이전시를 통해 저작권자와 독점 계약한 유엑스리뷰가 소유합니다.
 저작권법에 의하여 한국내에서 보호를 받는 저작물이므로 무단 전재 및 복재를 금합니다.

*잘못 만든 책은 구입하신 서점에서 바꿔 드립니다.

좋은 아이디어와 제안이 있으시면 출판을 통해 가치를 나누시길 바랍니다.
투고 및 제안 : uxreview@doowonart.com